Goldmann Ratgeber

*Walter Panofsky*

# Die 100 schönsten Konzerte

Ausgewählt von
Herbert von Karajan

Wilhelm Goldmann Verlag

FOTONACHWEIS

Archiv Dr. Stoedtner, Düsseldorf: S. 94
Archiv für Kunst und Geschichte, Berlin-Nikolassee: S. 7, 13, 17, 24, 47, 56, 64, 76, 83, 86, 87, 97, 112, 113, 116, 121, 136, 140, 155, 173
Kurt Bethke, Frankfurt/M.: S. 183
Bildarchiv Foto-Marburg: Titelvignette
C. Bertelsmann Verlag, Gütersloh: S. 142, 154, 172, 182, 189
Boosey & Hawtles, London: S. 115
Historisches Bildarchiv Handke, Bad Berneck: S. 57, 165
Historia-Photo, Berlin-Wilmersdorf: S. 53, 54, 58, 137, 149, 164
Keystone, München: S. 156
Süddeutscher Verlag, Bildarchiv, München: S. 95, 138, 169
Ullstein Bilderdienst, Berlin: S. 22, 29, 51, 63, 75, 85, 90, 92, 108, 109, 111, 118, 120, 127, 145, 157, 167, 170, 171, 175, 180

70712 · Made in Germany 1977 · I · 1110

Umschlaggestaltung: Creativ Shop, A. + A. Bachmann, München. Umschlagfoto: EMI ELECTROLA GmbH, Köln. Zeichnungen: August Lüdecke. Notenbeispiele: Gotthard Seifert. Druck: Presse-Druck Augsburg. Verlagsnummer: 10672 · Sch/ST
ISBN 3-442-10672-9

# VORWORT

*Das Spiel ist alt – und immer wieder neu:*
*Was würde man an Büchern, an Bildern, an Noten mitnehmen, sollte man plötzlich auf eine einsame Insel verbannt werden und dürfte nur drei Lieblingswerke mitnehmen, drei und kein einziges mehr?*
*Spielt man dieses Gedankenspiel einmal durch, so wird man rasch spüren, wie schwierig es ist, aus einer fast unüberschaubaren Fülle eine Auswahl zu treffen. Denn man wird auf manches Liebgewordene, Vertraute verzichten müssen. Man wird hin und her überlegen, wird das eine gegen ein anderes austauschen. Man wird am Ende manches vermissen: nicht anders, als es bei der Auswahl dieser hundert schönsten Konzerte und Sinfonien geschah. Jede Auswahl bringt den Verzicht auf einzelnes mit sich. Es gibt ja so ungeheuer viel an musikalischen Werten, daß sie allenfalls in einem dickleibigen Wälzer zusammengefaßt werden könnten, nie und nimmer aber in einem schmalen Taschenbändchen, das zudem kein musikalisches „Lexikon für Fortgeschrittene" sein soll, sondern ein erster Führer und Begleiter in die Welt des Konzertes.*
*Noch immer mag es viele geben, die sich nach Musik sehnen und die dennoch eine gewisse Scheu vor den Geheimnissen ihrer Welt nicht abzulegen vermögen – eine Scheu, die sich aus der mangelnden Vertrautheit mit Formgesetzen, Stilbegriffen und Prinzipien wie von selbst ergibt. Und auch die Musik unserer Zeit stellt so manches Problem.*

*Kurz: Dieser Scheu zu begegnen, das Verständnis für künstlerische Gestaltungskräfte und historische Zusammenhänge zu wecken und zu vertiefen und damit – und nicht zuletzt – die Liebe zur Musik zu nähren, dies vor allem ist der Sinn dieses Buches. Denn: Verständnis ist schön, Wissen ist gut, die Liebe zur Musik jedoch das wichtigste für alle, die, ihr zuhörend, sich ihr zugehörig fühlen.*

HERBERT VON KARAJAN

*Das Große Symphonieorchester des Norddeutschen Rundfunks Hamburg*

# Die Sinfonie

*Der Urgrund, in dem die sinfonische Form von Anbeginn bis heute wurzelt, ist das geheimnisvolle Verlangen, sich im Zusammenklang der Instrumente „wortlos" auszusprechen.*

Im Ungewissen beginnt die Lebensspur jeder schöpferischen Kunstform. Sie wurde nicht geschaffen: sie bildete sich allmählich. Sie wuchs und wuchs, vom Zufall, von einer plötzlichen Eingebung gezeugt, heran, erlebte ihre Ausprägung, ihre Vollendung. Unbekannt bleibt für alle Zeit der Name jenes Sängers, der als erster die Strophenform des Liedes fand, niemand wird jenen Musikus ermitteln, der als erster auf den Gedanken gekommen ist, verschiedenartige

Instrumente nicht nur als Begleitung für den menschlichen Gesang zu verwenden, wie es seit undenklichen Zeiten der Brauch gewesen war, sondern sie auch einmal im selbständigen Spiel zusammenklingen zu lassen.

Was hätten wir auch gewonnen, wenn wir den Namen wüßten? So gut wie nichts. Denn jede lebendige Form löst sich rasch von ihrem Schöpfer und führt ein eigenes Dasein. Sie wächst in der Stille, erlebt ihre Ausprägung und ihre Vollendung. Es gibt keinen rechten Anfang und kein rechtes Ende: es gibt nur den steten Fluß der Entwicklung mit Stromschnellen, Seitenarmen und der Mündung in die Unendlichkeit.

Zwischen Beginn und Vollendung besteht kein unmittelbarer Zusammenhang mehr. Nichts außer dem Gattungsnamen verbindet die Sinfonien Beethovens, Brahms' und Bruckners mit jenem Musikstück, das ein unbekannter Maestro des 15. Jahrhunderts zum ersten Male mit dem Wort „Sinfonia" überschrieb. Ursprünglich bedeutete eine Sinfonia nichts anderes als „Zusammenklang der Instrumente". Das Wort ist dem Griechischen entlehnt: schon Pythagoras bezeichnete damit den melodischen Zusammenklang einzelner Tonintervalle (Tonabstand). Ob man nun die weitverbreitete italienische oder die griechische Schreibweise verwendet, ist völlig gleich. Zwar meinte einst Johannes Brahms, zwischen Sinfonie und Symphonie bestünde ein Unterschied: jene sei ein kleines, spielerisches Werk, diese jedoch ein musikalischer Kosmos. Aber diese Unterscheidung hat sich nicht eingebürgert: Sinfonie und Symphonie gelten gleichviel.

Die Überschrift „Sinfonia" findet sich erst im siebzehnten Jahrhundert häufiger: sie bedeutete soviel wie der französische Begriff „Ouvertüre" – Einleitungsstück. Mit einer kleinen Sinfonia wurden die barocken Opernallegorien eröffnet: mit einem Eingangslied, einem Entree für Instrumente.

Nie wird man ergründen können, ob jene Ouvertüren die Zuschauer auf das Werk einstimmen sollten, oder ob sich der Maestro al Cembalo mit einem solchen Vorspiel nur die nötige Ruhe und Aufmerksamkeit verschaffen wollte. Denn es gab zu jener Zeit keinen Theatervorhang und kein Verlöschen der Lichter. Die Tatsache, daß in Frankreich alle Ouvertüren mit kraftvollen, wuchtigen Akkorden im Fortissimo begannen, gibt dieser so naiv klingenden Deutung eine gewisse Wahrscheinlichkeit. In Italien allerdings fing man fast immer mit einem raschen, spielerischen Thema an, wie es dem Temperament des Landes entsprach. Dann erst folgte ein langsamer Teil, der wiederum in einen schnellen Abschlußteil mündete.

Es ist müßig zu fragen, warum man so verfuhr. Denn jede Kunstform entspricht in ihrer Grundkonzeption immer einer natürlichen Empfindung: eine ununterbrochene Folge von schnellen Sätzen wird als ebenso spannungslos empfunden wie eine Folge mit durchweg langsamem Grundcharakter. Erst der Kontrast, der Wechsel zwischen Schnell und Langsam, zwischen Dur und Moll, Forte und Piano schafft die innere Spannung, die Anteilnahme, das Interesse. Daß man sich bemühte, diese Gegensätze in eine Form, in ein Schema zu bringen, verstand sich für das Mittelalter von selbst: auch die Musik war damals eine zünftige Angelegenheit, ein meisterliches Zunfthandwerk und darüber hinaus eine Sache der Wissenschaftler. Jene Zeit duldete keine Willkür, keine individuellen Abweichungen von einer als allgemein verbindlich anerkannten Grundregel. Der Wert einer Komposition wurde allein an der schöpferischen Erfüllung jener Formgesetze abgelesen.

Für eine Sinfonie gab es zunächst keine Regeln. Und ebensowenig, wie man den Ursprung dieser Form je wird ergründen können, ebensowenig werden wir erfahren, was den Kammermusikdirektor des Kurfürsten Karl Theodor, Johann Stamitz, dazu bewog, für die Mannheimer Hofkapelle mehrsätzige Stücke zu komponieren, deren erster Satz grundsätzlich in der Sonatenform gehalten war: Stamitz hatte sie einfach der solistischen Instrumentalmusik entlehnt. Stücke für das Klavichord, für Streichquartette und Bläserquintette benutzten ein Formschema, das Giovanni Gabrieli (1557–1612) in Venedig entwickelt hatte. Es war später verfeinert worden, so von Philipp Emanuel Bach, und löste in der ersten Hälfte des achtzehnten Jahrhunderts die strenge Form der Fuge ab, der man ein wenig überdrüssig geworden war.

Das Sonatenschema bringt eine gewisse Gesetzmäßigkeit in den Ablauf eines vornehmlich nach melodischen – nicht kontrapunktischen – Grundsätzen komponierten Musikstückes.

Wie jede Sprache gewisse Regeln für den Satzbau kennt, Hauptworte und Beiworte unterscheidet und durch eine klar überschaubare Gliederung den Sinn des Ganzen vertieft, so gelten auch für den musikalischen Sonatensatz ähnliche Regeln. Das Schema ist so einfach wie ein Fibelsatz:

| *a) Exposition* | *b) Durchführung* | *c) bzw. $a_1$) Reprise* |
| --- | --- | --- |
| Themenaufstellung | freie Modulation | abgewandelte Wiederholung von *a*) |
| 1. Thema = Tonika | | 1. Thema = Tonika |
| 2. Thema = Dominante | | 2. Thema = Tonika |
| Koda | | Koda |

In der Einführung werden das Haupt- und Seitenthema vorgestellt. Nach der klassischen Regel hat das Hauptthema in der Grundtonart zu stehen, das Seitenthema jedoch in der Seitentonart (Dominante genannt). Manchmal gibt es noch

ein drittes Thema, das ebenfalls in einer Seitentonart (Dominante oder Subdominante) stehen soll.
Aufgabe des Komponisten ist es nun, die Themen kunstvoll abzuwandeln: er soll zeigen, daß er nicht nur einen Einfall, einen hübschen Gedanken hat, sondern daß er auch mit ihm etwas anzufangen weiß, daß er fähig ist, ihn auszuspinnen, ohne dabei langweilig zu werden. Er kann die Themen zerpflücken, kann sie von Dur in Moll verwandeln oder umgekehrt, er darf sie rhythmisch verändern. Er kann nicht nur, er soll sogar die Tonarten wechseln. Am Ende aber muß er wieder in die Grundtonart zurückkehren: so will es das Sonatengesetz.
Als Johann Stamitz – 1717 in Deutsch-Brod in Böhmen geboren – die Grundzüge des Sonatenschemas auf ein Orchesterstück übertrug, hatte er die Voraussetzung für die Form der Sinfonie im klassischen Sinne geschaffen. Bis in unsere Zeit hinein gibt es keine einzige Sinfonie, deren erster Satz völlig von der klassischen Sonatenform abweicht.
Stamitz aber tat noch mehr: er gab der Sinfonie die Vier-Satz-Gestalt. Der zweite Satz war nach dem Kontrastprinzip in einem langsamen Tempo gehalten und stand im allgemeinen ebenfalls zur Grundtonart des ersten Satzes in einer bestimmten harmonischen Beziehung. Um dies einfach zu veranschaulichen: begann eine klassische Sinfonie beispielsweise in Es-Dur, so wäre es ein böser Verstoß gegen die Regel gewesen, wenn der langsame Satz in A-Dur oder D-Dur begonnen hätte. Möglich wären hingegen As-Dur (Subdominante), B-Dur (Dominante) oder auch c-Moll, das ebenfalls drei b vorgezeichnet hat.
Warum Stamitz dann eine Tanzform, das Menuett, folgen ließ, ist nicht bekannt. Vielleicht wollte er die Besinnlichkeit, die ein langsamer, seelenvoller Satz auslöste, nicht allzulange nachwirken lassen: schließlich komponierte er ja „Unterhaltungsmusik". Das Menuett aber war in jener Zeit die beliebteste Tanzform: mit einer Sinfonia ohne ein Menuett hätte

Stamitz vermutlich keine Ehre eingelegt. Darum fügte er diesen Tanz der dreisätzigen Sonatenform ein – und keiner fand etwas dabei.
Eine Sonate besteht aus drei Teilen. Im ersten Teil kann der Komponist zeigen, daß er sich mit den Formgesetzen auskennt, im zweiten, daß er Melodien auszuspinnen weiß, während er im dritten, dem Rondo, nach einem einfachen Schema die Motive zu vollem Glanz entwickeln kann. Ein einprägsamer Grundeinfall kehrt hier wie in einem Rundtanz (ital. rondo) mit kurzen Unterbrechungen immer wieder. Die Satzfolge Schnell – Langsam – Schnell steht in einer klassischen Sonate unverrückbar fest.
Das gleiche Temposchema galt auch für die klassische Sinfonie, nur wurde vermutlich aus spekulativen Erwägungen der Compositeurs, die sehr wohl wußten, wie beliebt jede tänzerische Weise an den Höfen war, ein Menuett nach dem langsamen Satz eingeschoben. Ihm folgt dann in gesteigertem Tempo das Rondo, das Finale. Diese Reihenfolge hat etwas Simples an sich: niemand, auch Stamitz nicht, hätte sie erklären können. Aber sie galt über ein halbes Jahrhundert hindurch als Gesetz, das nicht durchbrochen werden durfte. Erst Beethoven hat es gewagt, das klassische sinfonische Schema anzutasten. Er spürte nur zu gut, wie es seinen Vorstellungen vom Wesen einer Sinfonie und ihren Ausdrucksmöglichkeiten widersprach. Beethoven war der erste, aber nicht der einzige, der die kleine Form zerbrach, um eine größere, vollendetere zu schaffen.
Stamitz schloß das Tor der Sinfonie auf. Haydn öffnete es. Mozart, Beethoven und viele andere schritten hindurch, bis es sich hinter Bruckner und Mahler zu schließen begann. In unserer Zeit werden nur noch selten Sinfonien komponiert. Um 1750 herum gehörte es jedoch zum guten Ton, Sinfonien zu schreiben. Allein Joseph Haydn, „Vice-Capelmeister“ des Fürsten Esterházy, komponierte deren einhundertundvier.

# JOSEPH HAYDN

*Sinfonie Nr. 88*

Wenn Fürst Nicolaus Esterházy am späten Morgen erwacht war, dann meldete ihm der Haushofmeister die Antichambre: Vor der Schlafzimmertür hatten sich – wie im „Rosenkavalier" – die Köche, die Schneider, die Perückenmacher, der Hausnotar und der Stallmeister versammelt, um die Wünsche des Allergnädigsten Herrn für den Tag zu erfahren. Auch der „Vice-Capelmeister" Josephus Haydn antichambrierte; das war in seinem Dienstvertrag ausdrücklich vorgesehen. Dort hieß es unter Punkt 5: »*. . .wird Joseph Haydn alltäglich, es seye demnach dahier zu Wienn oder auf denen Herrschaften, vor- und nachmittag in der Antichambre erscheinen, und sich melden lassen, allda die Hochfürstl. Ordre, ob eine Musique sein solle, abwarthen, alsdann aber nach erhaltenem Befehl solchen den anderen Musicis zu wissen machen . . .*«
Hochfürstliche Gnaden befahlen, und Haydn führte den Befehl aus. Er schrieb Dutzende von Quartetten und Sonaten, er komponierte aber auch ein rundes halbes Hundert Sinfonien für den Hausgebrauch auf Schloß Esterház.
Von den 104 registrierten Haydn-Sinfonien werden etwa 30 noch heute des öfteren gespielt, darunter vor allem die ABSCHIEDSSINFONIE (Nr. 45), bei der am Ende ein Musiker

nach dem anderen seine Noten und sein Instrument zusammenpackt, bis nur noch zwei Soloviolinen die Sinfonie zu Ende bringen. Haydn beabsichtigte, auf diese Weise den Fürsten darauf aufmerksam zu machen, daß seine Musiker endlich einmal Urlaub haben wollten; der Fürst verstand den Wink mit dem Fidelbogen und schickte die Kapelle nach Hause.
Was Haydn schuf, war für den Tag gedacht: ursprünglich durfte er kein Quartett, keine Sonate, keine Sinfonie ohne Zustimmung seines Herrn veröffentlichen. Die Form der Sinfonie, wie sie Haydn entwickelte, erlebte ihre Bewährungsprobe zunächst ausschließlich in den Hauskonzerten des Fürsten Esterházy.
Die Spätwerke jedoch wurden nicht allein auf Bestellung komponiert: mit den PARISER SINFONIEN (Nr. 81 bis 87) und den LONDONER SINFONIEN (Nr. 93 bis 104) stellte sich Haydn in der französischen Hauptstadt und in London auch persönlich und unabhängig von Auftraggebern vor.
Zwei Sinfonien gehören zu den schönsten, die Haydn je schuf: die SINFONIE NR. 88 in G-Dur und die SINFONIE NR. 92 in der gleichen Tonart. Das Entstehungsjahr der ersteren ist nicht ganz sicher: sie wird auf etwa 1787 datiert.
Nach dem Vorbild der französischen Ouvertüre beginnt das Werk mit einem kurzen Adagio-Vorspiel. Aber man spürt sogleich die Atmosphäre Wiens in diesen Takten. Das Allegro-Thema im Zweivierteltakt beherrscht den ganzen *ersten Satz*, es läßt sogar dem Seitenthema kaum Platz:

Dieses Thema ist von jener Schlichtheit, wie sie für Haydn, den Sohn eines Stellmachers, bezeichnend ist. Ganz einfach, fast volksliedhaft und von einer beinahe schon schubertischen

Wehmut geprägt ist das Thema des *Largos*. Haydn erweist sich hier als Meister der Variation: siebenmal kehrt die Melodie fast notengetreu wieder, nur die Begleitung verändert sich.

Im *Menuett*, dem klassischen dritten Satz, verleugnet Haydn seine Herkunft ebensowenig: hier verarbeitet er eine ländlich-fröhliche, derbe Melodie, die er vielleicht einmal in irgendeiner Schenke gehört hatte. Besonders im Trio mit seiner „Dudelsack"-Wirkung, seinen widerborstigen Rhythmen wird die Absicht dieses Satzes besonders deutlich: es ist Volksmusik in höfischer Maskierung. Gerade bei den höfischen Tanzformen wird es immer wieder deutlich, in welchem Ausmaß einst die Kunstmusik auch aus den Quellen des Einfachen, Volkstümlichen gespeist wurde.

Auch das Thema des *Finales* prägt sich sofort ein: es schnurrt ab wie ein kleines Uhrwerk, ein Perpetuum mobile. Nach dem Rondo-Prinzip kehrt es häufig in unveränderter Form wieder, wird auch einmal mit Molltönen eingefärbt, in eine Art Kanon zwischen den Bässen und den Violinen gebracht, bis nach einigen kräftigen Zwischenakkorden die Sinfonie in wirbelnden Figuren ihrem Ende entgegengeht.

*Besetzung:* *1 Flöte 2 Oboen 2 Fagotte*
*2 Hörner 2 Trompeten*
*Pauken*
*Streicher*

## *Sinfonie Nr. 92 (»Oxford«)*

Die Haydn-Sinfonie Nr. 92 trägt den Beinamen OXFORD; mit ihr revanchierte sich der Komponist für die Doktorwürde, die ihm Englands berühmteste Universität ehrenhalber verliehen hatte. An sich war diese Sinfonie bereits im Jahre 1788 für Paris komponiert worden, jedoch unaufgeführt geblieben. Als es sich im Jahre 1792 herausstellte, daß die eigentliche OXFORD-SINFONIE (wir wissen nicht, welche andere Sinfonie Haydns gemeint war) in kurzer Zeit nicht einzustudieren war, holte der Komponist diese Pariser Sinfonie hervor, instrumentierte Trompeten und Pauken rasch hinzu und brachte das Werk persönlich in Oxford zur Uraufführung.

Stärker noch als in Nr. 88 spürt man bei dieser Sinfonie, daß es Haydn nicht mehr um ein reines Spiel ging. Er selbst sprach einmal davon, daß sich in seinen Quartetten „moralische Charaktere“ abzeichneten: das gilt in noch höherem Maße für seine späten Sinfonien.

Die OXFORD-SINFONIE beginnt wie Nr. 88 ebenfalls mit einer verhältnismäßig breit ausgesponnenen *Adagio-Einleitung*, wie es der französische Ouvertüren-Stil verlangte. *Allegro spiritoso* steht über dem eigenartig geformten, wie eine Frage klingenden Hauptthema:

Aus dem Dezimensprung (vierter Takt) gewinnt Haydn weiteres Material; wieder kommt das heitere Seitenthema fast zu kurz. In der Durchführung vermeint man schon den jungen Beethoven zu hören, desgleichen im Seitenteil des zweiten Satzes, als ein zwischen d-Moll und F-Dur schwankendes

erregtes Thema die Ruhe des *Adagios* unterbricht. – Das *Menuett* ist nicht mehr zum Tanzen da: es spiegelt eine fraglich gewordene Welt. Nur das Trio, in dem ein Streicherpizzicato den Hörnerklang begleitet, atmet Ruhe und Heiterkeit.
Das *Finale (Presto)* ist auf einem chromatischen Thema aufgebaut, wie es Haydn (im Gegensatz zu Mozart) liebte. Wieder wird der im Grunde so einfachen Rondo-Form ein Vielfaches an Wirkung abgewonnen. Das Werk, das so eigenartig fragend, verschleiert begann, endet in Fröhlichkeit.

*Besetzung: 1 Flöte 2 Oboen 2 Fagotte*
*2 Hörner 2 Trompeten*
*Pauken*
*Streicher*

# WOLFGANG AMADEUS MOZART

## *Haffner-Sinfonie (KV 385)*

Zwölf Jahre war Mozart alt, als er in London, wohl unter den kritischen Blicken Johann Christian Bachs (der das „singende Allegro" erfand), seine erste kleine Sinfonie komponierte, der später noch 48 folgten. Aber ähnlich wie bei Haydn ist auch der Kreis der Mozartschen Sinfonien eingeengt. Auf den Programmen findet man zumeist nur mehr acht: KV (Köchel-Verzeichnis) Nr. 201 in A-Dur, 297 (PARISER),

385 (HAFFNER), 425 (LINZER), 504 (PRAGER), 543 in Es-Dur, 550 in g-Moll und 551 (JUPITER). Die Beinamen stammen nicht von Mozart. Sie wurden von den Zeitgenossen und Nachfahren geprägt, um die zahlreichen Sinfonien nach Herkunft und Eigenart zu unterscheiden.

Der Salzburger Bürgermeister Sigmund Haffner mochte den jungen Kapellmeister des Fürstbischofs wohl leiden: Mozart war oft im Haffner-Haus zu Gast, und als Elisabeth, die einzige Tochter, dem Cavaliere Spath angetraut wurde, komponierte er jene achtsätzige Serenade, die auch Haffners Namen unsterblich machen sollte. Sechs Jahre später, 1782, schrieb Mozart für das Salzburger Stadtoberhaupt eine Sinfonie in D-Dur, die zu seinen schönsten gehört. Daß das (in Wien komponierte) Werk einem festlichen Anlaß gewidmet war, verrät das markante, beinahe fanfarenhafte Hauptthema des *ersten Satzes*, das gegen alle Schulmeisterregel doppelte Oktavsprünge aufweist.

Mit der klassischen Sonatenform geht Mozart in dieser Sinfonie insofern willkürlich um, als er auf ein ausgeprägtes Nebenthema verzichtet. Er spaltet gewissermaßen das Hauptthema auf, gewinnt aus den Oktavsprüngen wie den Trillerfiguren neue Bau-Elemente: Bach ist näher als Haydn.

Der *zweite Satz (Andante)* wirkt wie eine kleine Nachtmusik; ein Zwiegespräch im Mirabell-Garten, auf den verschlungenen Pfaden im Park von Hellbrunn, durchtränkt von einer leisen, zärtlichen Melancholie.

Das *Menuett* beginnt ganz stilgerecht. Es ist wirklich ein höfischer Tanz mit gemessenem Schreiten, artigen Verbeugungen und Drehungen. Aber dann erinnert sich Mozart an den Salzburger Bürgersmann: das Trio klingt wie ein Ländler aus dem Salzkammergut.

Der *Schlußsatz*, den Mozart so schnell wie nur irgend möglich gespielt wissen wollte, verwendet – ohne irgendeine beziehungsvolle Absicht – das Thema von Osmins Rache-Arie „Ha, wie will ich triumphieren", aus der ENTFÜHRUNG AUS DEM SERAIL, die im gleichen Jahr entstand. Das Charakteristischste an diesem Satz sind die schroffen Gegenüberstellungen von Forte- und Piano-Stellen, desgleichen die Sechszehntelfiguren der Bässe, die in jener Zeit etwas Besonderes waren: über ein simples Schrumm-Schrumm kamen diese Instrumente im allgemeinen nur selten hinaus.

*Besetzung:* *2 Oboen 2 Fagotte*<br>*2 Hörner 2 Trompeten*<br>*Pauken*<br>*Streicher*

*Uraufführung: August 1782 in Salzburg durch Mozart*

## *Sinfonie in g-Moll (KV 550)*

Nur zwei von Mozarts neunundvierzig Sinfonien haben Moll-Charakter: Die KLEINE G-MOLL-SINFONIE KV 183 vom Jahre 1774 und die GROSSE SINFONIE KV 550 in der gleichen Tonart. Mozart ging auch sonst dem Moll gern aus dem Wege. Selbst wenn er, wie in der DON-GIOVANNI-OUVERTÜRE, einmal mit einem Moll-Thema begann, so strebte er doch immer sehr rasch zur Welt des Dur zurück.

In der GROSSEN G-MOLL-SINFONIE ist es jedoch anders. Sie nimmt überhaupt eine Sonderstellung ein, denn in keinem anderen sinfonischen Werk Mozarts ist so viel Persönliches zu spüren wie in ihr. Das „Lächeln unter Tränen" bricht immer wieder auf, eine verhaltene und dennoch glühende Leidenschaft verströmt sich in allen vier Sätzen. Und fast kann man verstehen, daß Mozarts Zeitgenossen vor dieser Sinfonie Angst bekamen, daß sie diese Selbstenthüllung als „dégoutant", als geschmacklos, bezeichneten: niemand hatte je zuvor den Kreis des „absolut Schönen" so durchbrochen, niemand ein so schmerzendes persönliches Bekenntnis in Musik abgelegt.

Schon der *erste Satz* ist von einer erregenden Unruhe. Fast 300 Takte dauert die rhythmische Bewegung an, die nur zweimal durch Generalpausen unterbrochen, aufgestaut wird, um dann um so unbeirrbarer weiterzutreiben.

Dennoch wird dem Satz durch die Gegensätzlichkeit der Thementeile jede Einförmigkeit genommen.

Der zweite Teil des *Hauptsatzes* führt ein neues *B-Dur-Thema* ein, das, gegen die Schemaregel, eine zweite Durchführung erfährt. Aber der dunkle Bann bleibt und will nicht weichen.

Der *zweite Satz*, ein *Andante in Es-Dur*, hat ebenfalls Sonatenform. Die Themen sind kunstvoll ineinanderverwoben, keines herrscht vor: immer drängt sich ein zweites, ein drittes dazwischen. Entfernte Tonbereiche werden durchmessen (Des-Dur), bis am Ende die Ausgangsposition erreicht wird, ohne daß sich auch hier die eigenartige Wehmut, die schmerzhafte Heiterkeit gelöst hätte.

Im *Menuett* bricht Mozart vollends mit der Konvention. Es klingt fast wie eine Herausforderung, wie eine Vorahnung kommender Ereignisse: ein Jahr später stürmte man die Bastille. Das geradezu Aufrührerische, das von diesem Thema ausgeht, hat der Wiener Adel sehr wohl gespürt und naserümpfend von einem Rückfall in „bürgerliche Unkultur" gesprochen.

Die an Schubert gemahnende, besänftigende Hornmelodie des Trios vermag die Erregung nur für kurze Zeit zurückzudrängen. Im *Finale (Allegro assai)* bricht sie noch einmal mit einer bei Mozart ungewohnten Heftigkeit durch. Das Hauptthema hat nichts von der Verbindlichkeit eines Rondos: wenn auch das zweite Thema in Dur die fahle Seelenlandschaft etwas aufzuhellen versucht, so kommt es dennoch nicht an gegen die trotzige Düsternis, die bis zum Schlußakkord über das ganze Werk gebreitet ist.

In dieser Sinfonie ist die Bläsergruppe um zwei Klarinetten erweitert: Mozart hatte diese Instrumente auf einer Reise in Mannheim kennengelernt und in der PARISER SINFONIE (KV 297) zum ersten Male verwendet. Die G-MOLL-SINFONIE war ursprünglich ohne Klarinetten konzipiert: Mozart übertrug den Oboenpart den neuen Instrumenten und fügte eine nachkomponierte Oboenstimme hinzu.

*Besetzung: 1 Flöte 2 Oboen 2 Klarinetten 2 Fagotte*
*2 Hörner*
*Streicher*

*Beendigung der Komposition: 25. 7. 1788*
*Uraufführungsdatum unbekannt*

## *Jupiter-Sinfonie (KV 551)*

In einem einzigen Sommer, in der unvorstellbar kurzen Zeit von sechs Wochen, hat Mozart seine letzten drei Sinfonien – eine in ES-DUR ging der G-MOLL- und der GROSSEN C-DUR-SINFONIE voraus – niedergeschrieben: komponiert hatte er sie wohl längst. Alle jene anekdotischen Geschichten, nach denen

*Der junge Mozart am Hofe der Kaiserin Maria Theresia 1762*

Mozart seine Melodien unbekümmert um den Lärm eines Wirtshausgartens ersonnen habe, stimmen wohl nicht ganz: er schrieb nur nieder, was sich längst in seiner Vorstellung zur letzten Vollkommenheit ausgebildet hatte.

In der G-MOLL-SINFONIE hatte sich Mozart „gehenlassen". In der unmittelbar darauffolgenden C-DUR-SINFONIE hat er sich jedoch wieder ganz in der Gewalt. Das klassische Ideal der Ausgewogenheit, der edlen Einfalt und stillen Größe, der Formvollendung haben den Namen heraufbeschworen, den ihr ein Unbekannter gab: JUPITER. In diesem Gotte paarte sich Kraft mit Weisheit – wie in dieser Sinfonie.

Das *Hauptthema* wird von einem kraftvollen Zweitakter gebildet, dessen Sechszehntel-Triolen etwas von einer Ouvertüre an sich haben. Untrennbar verbunden sind die beiden folgenden melodiösen Thementakte: man hat häufig von einer „Doppelgeschlechtigkeit" des Themas gesprochen, weil darin ein „männliches" und ein „weibliches" Prinzip vereint seien:

So viele Seitenthemen sich auch ankündigen: nichts zerstört die vollendete Ausgewogenheit. Diese Sinfonie ist nicht heiter und nicht leidenschaftlich, nicht verspielt und nicht pathetisch: Sie ist ganz einfach schön im klassischen Gleichmaß ihrer Proportionen.

Das *Andante cantabile* (F-Dur) benutzt ebenfalls Elemente der Sonatenform. Ein *zweites Thema* (c-Moll) stellt das innere Gleichgewicht wieder her und verhindert, daß man ins Träumen gerät. Ein *drittes Thema* (C-Dur) mit einer eigenartigen, gemessenen Feierlichkeit läßt vollends offen, welchem Grundcharakter Mozart hier den Vorzug gab: alle drei Themen gelten ihm gleich viel.

Ein einfaches, von einem Halbtonschritt geprägtes Motiv ist die Keimzelle des *Menuetts*:

Aus diesem Menuett werden, wie in allen späten Mozart-Sinfonien, neue Bauelemente gewonnen. Es ist kein Menuett im strengen Sinne, zumal das Trio (in der gleichen C-Dur-Tonart) gegen die Regel schneller als der Hauptteil gespielt werden muß. Höhepunkt des Werkes aber ist das *Finale*.

Die Themen sind nicht nach melodischen, sondern nach kontrapunktischen Gesichtspunkten geformt. In diesem Satz vereinigen sich Fuge und Sonate, mündet das barocke Musikideal endgültig in das klassische. Die *Koda*, der Schlußteil, ist ein fünfstimmiges Fugato der Hauptthemen mit dem aus vier Noten bestehenden Cantus firmus.

Nach dieser Sinfonie gab es für Mozart keine Steigerung mehr.

Er hatte »*das größte und bedeutendste Werk der Wiener Klassik vor Beethoven*« geschaffen.

*Besetzung: 1 Flöte 2 Oboen 2 Fagotte*
*2 Hörner 2 Trompeten*
*Pauken*
*Streicher*

*Beendigung der Komposition: 10. 8 1788*
*Uraufführungsdatum unbekannt*

# LUDWIG VAN BEETHOVEN

## *Erste Sinfonie in C-Dur*

*»Lieber Beethoven! Sie reisen jetzt nach Wien zur Erfüllung Ihrer so lange bestrittenen Wünsche. Mozarts Genius trauert noch und beweint den Tod seines Zöglings. Bei dem unerschöpflichen Haydn fand er Zuflucht, aber keine Beschäftigung; durch ihn wünscht er noch einmal mit jemandem vereinigt zu werden. Durch ununterbrochenen Fleiß erhalten Sie Mozarts Geist aus Haydns Händen.«*

Graf Waldstein gab am 29. Oktober 1792 diese Worte seinem zweiundzwanzigjährigen Schützling mit auf den Weg. Und wenn auch die Unterrichtsstunden bei Haydn nicht so ausfielen, wie Beethoven es sich wünschte, so gingen doch die Worte des Grafen in Erfüllung: Beethoven trat das Erbe Mozarts an.

Seine ERSTE SINFONIE OP. 21 hat mit der JUPITER-SINFONIE nicht nur die Tonart C-Dur gemeinsam: auch das Hauptthema des *ersten Satzes*, das nach einer kurzen Adagio-Einleitung mit dem spannungsreichen Dominantseptim-Akkord in F-Dur beginnt – die Professoren schüttelten ob einer solchen harmonischen Kühnheit fassungslos ihre Köpfe –, und das *Allegro-con-brio*-Thema haben mit dem Hauptthema der letzten Mozart-Sinfonie eine auffallende Ähnlichkeit:

Das zweite Thema, der Regel entsprechend in der Dominant-Tonart G-Dur, wird von Oboe und Flöte im Wechsel vorgetragen:

Das gesamte Material wird nach den Vorbildern der späten Haydn- und Mozart-Sinfonien abgewandelt: nur ab und zu spürt man Beethovensche Züge.

Das Thema des *zweiten Satzes (Andante cantabile con moto* – immer differenzierter werden die Tempoangaben!) wird von den Zweiten Geigen angestimmt und dann kanonartig von den Ersten übernommen. Die formale Gestaltung lehnt sich an das Sonatenschema an, jedoch ist eine ausgeprägte Gegen-

sätzlichkeit von Haupt- und Seitenthema vermieden. Unbewußt schlägt Beethoven den Weg ein, den er später gehen wird: nicht die Gegensätzlichkeit der Themen innerhalb eines Satzes, sondern innerhalb einer Sinfonie erzeugt die Spannung des Ganzen.
Noch steht *Menuett* über dem *dritten Satz (Allegro molto e vivace)*. Aber er ist bereits ein Scherzo, das mit der ursprünglichen Tanzform nichts mehr gemein hat.

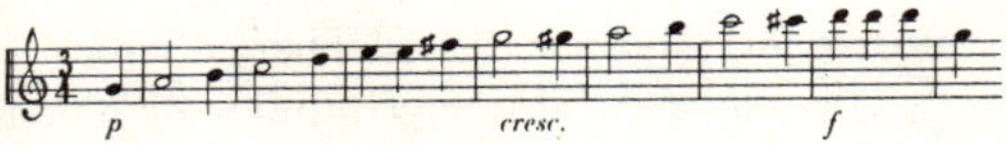


Der *vierte Satz* erscheint als der konventionellste: er könnte mit seiner einfachen, aus der C-Dur-Tonleiter entwickelten Thematik, die in kunstvoller Rondoform verarbeitet wird, von Haydn stammen.

Das Werk wurde am 2. April 1800 im Wiener Burgtheater durch Beethoven selbst uraufgeführt. Auf dem Programm standen noch eine Sinfonie Mozarts und zwei Arien aus Haydns SCHÖPFUNG, ferner ein frühes Klavierkonzert und ein Septett Beethovens, der überdies noch frei am Flügel phantasierte. Die Sinfonie war ein voller Erfolg: die Kritik nannte sie *»geistreich, kräftig, originell und schwierig, nur mit Details hin und wieder zu reichlich ausgestattet«*.

*Besetzung:* *2 Flöten 2 Oboen 2 Klarinetten 2 Fagotte*
*2 Hörner 2 Trompeten*
*Pauken*
*Streicher*

*Uraufführung: 2. 4. 1800 in Wien unter Beethoven*

## *Zweite Sinfonie in D-Dur*

Drei Jahre nach der ERSTEN kam am 5. April 1803 im Theater an der Wien die ZWEITE SINFONIE zur Uraufführung. Der Erfolg blieb aus. Das „Streben nach dem Neuen und Auffallenden“ wurde bemängelt, ebenso die Aufführungsdauer: rund 40 Minuten.

Das Neue und Auffallende an diesem Werk ist die persönliche Handschrift Beethovens, die nur noch selten Anklänge an die Welt Haydns und Mozarts aufweist. Die „Pranke des Löwen“ streckt die Krallen hervor, das derbfröhliche niederrheinische Temperament Beethovens nimmt auf die Wiener Luft keine allzu große Rücksicht mehr. Und mit dem Thema des *zweiten Satzes (Larghetto)* ist ein ganz neuer Ton gefunden:

Man hat Beethoven immer wieder vorgeworfen, er hätte keine Melodien komponieren, sondern immer nur Themen erfinden und verarbeiten können. Für dieses Larghetto im leicht dahinfließenden Dreiachteltakt trifft dies keinesfalls zu. Auch das zweite Thema „singt“:

Und wenn dann plötzlich eine fast behäbige Weise den Grundcharakter des Satzes vor dem Abgleiten ins Lyrisch-Elegische bewahrt, haftet sie sofort wie ein hübscher Refrain in unserem Ohr.

Der *dritte Satz* ist – zum ersten Male in der Geschichte der Sinfonie – mit *Scherzo* überschrieben. Der Begriff, der mit dem Wort Scherz identisch ist, findet sich zwar schon im 16. Jahrhundert als Bezeichnung für weltliche Lieder und im 17. Jahrhundert über heiteren Instrumentalstücken, in der Sinfonie aber hätte man ihn vergeblich gesucht.
Beethoven liebte, seinem Temperament entsprechend, solche Scherzi. Er wollte den Eindruck eines langsamen Satzes so rasch wie nur möglich verwischen: wie er selbst in kürzester Zeit aus einer elegischen Stimmung in eine derbe Fröhlichkeit verfiel, so ließ er es auch in seinen Sinfonien geschehen.
Das Thema, im akzentuierten Wechsel von Forte und Piano (an Stelle des „männlichen" und des „weiblichen" Prinzips), hat denn auch mit einem Menuett zwar die Taktart, aber nicht den Rhythmus gemeinsam: alle sinfonischen Scherzi sind fortan vorwiegend im Dreiertakt geschrieben.

Der Rhythmus, nicht die thematische Empfindung bestimmt diesen Satz, der für manche spätere Sinfonie Beethovens als Modell dient.
Das *Finale* pendelt zwischen Rondo- und Sonatenschema hin und her: die Aussage ist wichtiger als die bloße Form geworden. Es gibt wohl keinen zweiten Finalsatz Beethovens, der von der gleichen naiven, überschäumenden Fröhlichkeit wäre wie dieser, den eigentlich nur ein glücklicher Mensch geschrieben haben könnte.
Das Gegenteil war der Fall. Die ZWEITE entstand zur gleichen Zeit wie das HEILIGENSTÄDTER TESTAMENT: Beethoven, der seine allmähliche Ertaubung immer stärker spürte, war dem Selbstmord nahe! Nichts, aber auch gar nichts deutet diese Seelenqual an, weder in dieser noch in den folgenden Sin-

fonien. Nirgendwo ist ein unmittelbarer Niederschlag des unvorstellbar furchtbaren persönlichen Erlebens zu spüren: Beethoven war kein Romantiker, der sein eigenes Schicksal komponierte. Er komponierte seine Weltanschauung, seine sittlichen Vorstellungen, seine menschlichen Ideale: die Ideale der Aufklärung. Die meisten Beethoven-Sinfonien, vor allem die „ungeraden", scheinen unter dem Leitwort „Per aspera ad astra" zu stehen: „Durch Nacht zum Licht". Hier treten sich nicht „männliche" und „weibliche" Themen gegenüber, sondern helle und dunkle Mächte. *»Musik ist höhere Offenbarung als alle Weisheit und Philosophie. Wem meine Musik sich verständlich macht, der muß frei werden von all dem Elend, womit sich die anderen schleppen.«* Beethoven hat mit diesem einen Satz, den Bettina von Arnim nach einem Gespräch aufzeichnete, Entscheidendes über sein Werk ausgesagt.

*Beethoven*
*Karikatur von Lyser*

In seiner Musik dachte Beethoven nie an sich, sondern immer an seine Mitwelt: *»Höheres gibt es nicht, als der Gottheit sich mehr als andere Menschen nähern und von hier aus die Strahlen der Gottheit unter dem Menschengeschlecht verbreiten.«*

*Besetzung:* *2 Flöten 2 Oboen 2 Klarinetten 2 Fagotte*
*2 Hörner 2 Trompeten*
*Pauken*
*Streicher*

*Uraufführung: 5. 4. 1803 in Wien unter Beethoven*

## *Dritte Sinfonie in Es-Dur*
## *(»Eroica«)*

*»Sinfonia eroica, composta per festeggiare il sovvenire di un grand'uomo – heroische Sinfonie, komponiert, um das Andenken eines großen Menschen zu feiern«* – von Beethoven selbst stammt dieses Motto, das seiner dritten Sinfonie den Namen gab. Die Originalpartitur aber trägt noch die Radierspuren unter diesem Satz: ursprünglich wollte Beethoven die ES-DUR-SINFONIE keinem anderen als Napoleon Bonaparte widmen: Für ihn verkörperte der große Korse die Ideale der Freiheit, der Gleichheit und Brüderlichkeit. Aber just an dem Tage, da die Partitur dem General Bernadotte zur Weiterleitung an Bonaparte übergeben werden sollte, kam die Nachricht nach Wien, Napoleon habe sich zum Kaiser ausrufen lassen. Mit einer Verwünschung über „den neuen Tyrannen" warf Beethoven die Partitur auf die Erde. Die ursprüngliche Widmung wurde ausradiert und durch die oben zitierten Worte ersetzt.

Die EROICA ist in ihrer formalen Anlage so kühn, so unschematisch, daß sie einst am Prager Konservatorium von den Professoren als die „sittenverderbendste Sinfonie" bezeichnet wurde. Die Form wird ins Monumentale erweitert, denn *»es gibt in der Kunst keine Regel, die nicht durch eine höhere aufgehoben werden könnte«*.

Zwei Fortissimo-Schläge – der reine Es-Dur-Akkord – erheischen gebieterisch die Aufmerksamkeit der Zuhörer. Unmittelbar darauf tragen die Violoncelli das *Hauptthema* vor:

Daß es in den ersten sieben Tönen völlig identisch mit dem Vorspiel zu Mozarts BASTIEN UND BASTIENNE ist, muß ein Zufall sein: die Musikgeschichte kennt mehrere Fälle, wo verschiedene Komponisten unabhängig voneinander das gleiche Thema erfanden.

Die Durchführung erhält eine ungewöhnliche, dramatische Spannung. Ein *zweites Thema*, das von Oboen, Klarinetten, Flöten und Violinen in seine Bestandteile aufgesplittert und doch als Einheit vorgetragen wurde, gewinnt an Bedeutung:

Die herkömmliche Form wird durch ein elegisches *e-Moll-Thema(!)* vollends gesprengt: es ist bedeutsam für den Werkcharakter, nicht für die schematische Erfüllung des Sonatengesetzes. Die Hörner leiten über zur Reprise (Wiederaufnahme), die wiederum vom Hauptthema beherrscht wird.

Gegen alle Regel ist der *langsame Satz* kein friedvolles Andante, sondern ein *Trauermarsch*. In c-Moll, der „Schicksals-Tonart", gehalten, beginnt er im Pianissimo, als ob sich ein Leichenzug in der Ferne ankündigte.

Jedoch: Tod und Verklärung sind auch hier Geschwister. Das Marschthema wird von einem zarten, tröstlichen Streichergesang abgelöst, der sich freilich nicht lange behaupten kann. Den eigentlichen Höhepunkt bringt aber erst die Wendung nach C-Dur. Dann fällt der Satz wieder in die Anfangsstimmung zurück: der Trauerzug verschwindet in der Ferne, die Themen erscheinen noch einmal zerkleinert, zerfetzt vom Wind.

Auf diesen Trauermarsch konnte kein verspieltes Menuett folgen: die Einheit der poetischen Idee wäre zerstört gewesen. Und auch das Wort *Scherzo* scheint fehl am Platz, es will übertragen verstanden sein als ein hintergründiger Aphorismus der menschlichen Komödie. Das Thema „entwickelt" sich. Es wird nicht vorgetragen und dann in klassischer

Manier verarbeitet: es entsteht allmählich aus einem geisterhaft aufhuschenden Streicherrhythmus. Erst nach neunzig Takten wird es vom ganzen Orchester kraftvoll aufgenommen: Die Blechbläser leiten das Trio ein. Drei Hörner scheinen eine Jagdszene zu schildern: immer wieder wird später, etwa von Anton Bruckner, auf diesen Trio-Inhalt zurückgegriffen. Der Ring schließt sich: das *Scherzo* wird notengetreu wiederholt und schließt mit einer knapp gehaltenen Koda ab. Für den *Schlußsatz (Allegro molto)* verwendete Beethoven ein Thema, das er zu einem leider verschollenen Ballett-Libretto DIE GESCHÖPFE DES PROMETHEUS komponiert hatte.

Sicherlich entsprach diese doppelte Verwendung des gleichen Themas – auch wenn sie den meisten Hörern verborgen bleiben mußte – einer programmatischen Absicht. Denn Prometheus brachte den Menschen nicht nur das Feuer, sondern auch die Erkenntnis. Der Theaterzettel des Balletts, der uns erhalten geblieben ist, schildert den Titanen *»als einen erhabenen Geist, der die Menschen seiner Zeit in einem Zustand von Unwissenheit antraf, sie durch Wissenschaften und Kunst verfeinerte und ihnen Sitten beibrachte«*.
Aber es geht Beethoven in der EROICA dennoch nicht um Figuren – mögen sie Bonaparte oder Prometheus heißen –, es geht ihm um Ideale, die durch sie verkörpert werden. Sie werden nicht dargestellt, sie entfalten sich. Beethoven erreicht dies durch eine eigenartige Koppelung von Sonate und Variation. Nach einem heftigen Unisono der Streicher wird zunächst der Baß des Themas gebracht: merkwürdig unfertig wirken diese durch Pausen zerhackten Quint- und Quartsprünge. Dann wird dieser Baß variiert, und erst mit der dritten Variante erscheint das Prometheus-Thema. Als

„Durchführung“ bringt Beethoven eine kurze Fuge, dann folgen vier weitere Variationen, bis dann, in einem jähen Tempowechsel, der majestätische, kraftvolle Abschluß folgt: eine Freudenhymne über den Sieg der prometheischen Idee.

*Besetzung:* *2 Flöten 2 Oboen 2 Klarinetten 2 Fagotte*
*3 Hörner 2 Trompeten*
*2 Pauken*
*Streicher*

*Uraufführung: 7. 4. 1805 in Wien unter Beethoven*

## *Vierte Sinfonie in B-Dur*

Die große SINFONIE IN C-MOLL war schon begonnen, als der Graf Oppersdorf Beethoven zu verstehen gab, daß er sich für eine ihm gewidmete Sinfonie erkenntlich zeigen wolle. Aber es mögen nicht allein wirtschaftliche Erwägungen gewesen sein, die zur Zurückstellung der C-MOLL-SINFONIE führten. Beethoven brauchte wohl nach der Kraftprobe der EROICA eine gewisse Entspannung: stets sind die „geraden“ Sinfonien lyrischer, verhaltener, verspielter als die „ungeraden“.
Die VIERTE beginnt in Haydn-Manier mit einer *Adagio-Einleitung* von 38 Takten, die zu dem fast konventionellen Hauptthema nicht recht passen will. Es hat mozartische Züge; frisch, ja naiv purzelt es in Stakkato-Achteln daher:

Das Thema, die Form der Durchführung – sie bewegen sich in den alten Bahnen. Es ist, als habe sich Beethoven, über seine EROICA-Kühnheit erschrocken, noch einmal in die Nähe der Konvention begeben. Die fast durchweg ablehnenden

Kritiken, die die EROICA gefunden hatte – in einer wurde sogar von „bizarrem Unsinn" gesprochen –, mögen das Ihre dazu beigetragen haben, daß Beethoven hier, wie es einer seiner Biographen ausdrückt, „dem allgemein Gekannten und Beliebten der überlieferten Form und damit dem eigenen besseren Fortkommen nach Möglichkeit Rechnung trägt".

Und trotzdem: die VIERTE enthält musikalische Einfälle, wie sie zu den schönsten in Beethovens Gesamtwerk gehören. Das gilt vor allem für das *Klarinetten-Thema* des Adagios, das über einer hartnäckig immer wiederkehrenden Streicherfigur (gebrochene Sechzehntel) wundervoll aufblüht.

Der *dritte Satz (Allegro vivace)* greift die Dreiklang-Motivik des ersten wieder auf. Klar liegt die Form zutage: Scherzo – Trio – Scherzo – Trio – Scherzo.

Das *Finale* wird von einem Sechzehntelmotiv beherrscht, das sich immer wieder in den Vordergrund schiebt:

Es verliert, wenn es, wie es meist geschieht, entgegen der Tempoangabe *Allegro ma non troppo*, allzu rasch heruntergespult wird. Es gewinnt einen mozartischen Schimmer, wenn man ihm seine Grazie, seine Humorigkeit beläßt: erst in seiner ACHTEN, die sechs Jahre später entstand, hat Beethoven noch einmal ein ähnliches Bekenntnis zu seinen „symphonischen Vätern" Mozart und Haydn abgelegt, wie hier in seiner VIERTEN.

*Besetzung:* *2 Flöten 2 Oboen 2 Klarinetten 2 Fagotte*
*2 Hörner 2 Trompeten*
*Pauken*
*Streicher*

*Uraufführung: Februar 1807 in Wien unter Beethoven*

## *Fünfte Sinfonie in c-Moll*

Bis ins Jahr 1800 lassen sich die ersten Entwürfe zu einer c-Moll-Sinfonie zurückverfolgen. Aber erst zwischen 1805 und 1807 – im gleichen Zeitraum entstanden die VIERTE, das VIOLINKONZERT, die LEONOREN-OUVERTÜRE NR. 3, die APPASSIONATA, das KLAVIERKONZERT G-DUR, die CORIOLAN-OUVERTÜRE, die C-DUR-MESSE und die drei RASUMOWSKY-QUARTETTE – verdichtet sich die Idee immer mehr und mehr: eine ganze Sinfonie unter *einen* Gedanken zu stellen. Was sich in der EROICA bereits ankündigte, das vollendet sich hier im „durchkomponierten Pathos" der SCHICKSALS-SINFONIE. Anton Schindler, der wie ein getreuer Eckermann gewissenhaft alle Aussprüche Beethovens aufzuzeichnen suchte, behauptet, der Meister habe ihm das Hauptmotiv des ersten Satzes mit den Worten gedeutet: *»So klopft das Schicksal an die Pforten.«*

Nie zuvor in der Geschichte der Sinfonie wurde ein prägnantes, viertaktiges Motiv so konsequent zur Keimzelle des ganzen Werkes. Immer wieder tauchen die pochenden Achtel auf: im zweiten Thema ebenso wie im Hauptthema des dritten Satzes. Innerhalb des ins Riesenhafte erweiterten Sonatenschemas erfährt das Schicksalsmotiv eine Durchführung eigener Art: es erscheint in verschiedener „Beleuchtung". Ein Grundgedanke wird zur Diskussion gestellt. Ein kurzer, rezitativartiger Zwischenruf der Oboe bleibt fremdartig im Raum. In der Reprise setzt sich das düstere c-Moll gegen alle Versuche, dem Thema durch eine Wendung nach Es-Dur einen zuversichtlichen Charakter zu geben, entschieden durch.

Der *zweite Satz* (*Andante con moto*) beginnt in den Bratschen und Violoncelli mit einem liedförmigen Thema in As-Dur:

Aber auch in diese tröstliche Melodie drängt sich das gespenstische Pochen des Schicksalsrhythmus. Der Zusammenhang mit dem ersten Satz ist gewahrt, zugleich aber ist gedanklich schon auf den Inhalt des Finales hingewiesen. Denn hier, im *Andante*, bricht bereits zum ersten Male der C-Dur-Fanfarenjubel hervor: ein motivischer Bestandteil des Hauptthemas (vierter Takt) hat sich auf einmal selbständig gemacht.

Dennoch erfolgt die eigentliche Auseinandersetzung erst im *dritten Satz:* Ihm fehlt die Bezeichnung *Scherzo*. Beide Grundthemen haben etwas Gespenstisches, Drohendes: selbst das *Trio*, ein Streicher-Fugato in C-Dur, kann diese Stimmung kaum aufhellen. Das klopfende Hauptmotiv, das anfangs im Fortissimo erklang, wird nun im Pizzicato der Streicher pianissimo fortgesponnen. Auf einmal bricht das Thema ab. Nur die Pauke hält noch immer am klopfenden Rhythmus fest.

Robert Schumann berichtet einmal von einem Kind, das in die unheimliche, kaum erträgliche Spannung der Überleitung zum *Finale* hinein laut die Worte rief: „Ich fürchte mich". Sooft man auch diese Überleitung hört: immer greift sie einem fast würgend ans Herz. Es ist wirklich wie eine Erlösung, wenn dann auf einmal, nach einem jähen Crescendo, das Triumphthema des Finale erklingt:

Unmittelbar gehen beide Sätze ineinander über; es findet sich sogar eine kurze Reminiszenz an den dritten Satz statt einer Reprise. Dieses Finale ist die Krönung der ganzen Sinfonie. Der Weg durch Nacht zum Licht ist durchschritten, das Schicksal gemeistert.
Die FÜNFTE gehört zu den meistgespielten Sinfonien – nicht zuletzt, weil sie auf eigene Art den Selbstbehauptungswillen dokumentiert, der in uns allen lebendig ist. Und wenn man sich auch in der Musik grundsätzlich davor hüten sollte, immer nur nach einem programmatischen Inhalt, nach einer Handlung zu fragen: hier in der FÜNFTEN SINFONIE Ludwig van Beethovens triumphiert der Glaube an die eigene Kraft, der Berge des Schicksals versetzen kann. Und darum gibt sie uns so viel.

*Besetzung: 2 Flöten 2 Oboen 2 Klarinetten 2 Fagotte*
*2 Hörner 2 Trompeten*
*Pauken*
*Streicher*
*Im vierten Satz treten noch eine Pikkoloflöte, ein Kontrafagott und drei Posaunen hinzu.*

*Uraufführung: 22. 12. 1808 in Wien unter Beethoven*

## *Sechste Sinfonie in F-Dur (»Pastorale«)*

Auf der Rückseite des Titels der ersten Violinstimme findet sich (in der Erstausgabe) die Bemerkung: »*Pastoral-Sinfonie oder Erinnerung an das Landleben. – Mehr Ausdruck der Empfindung als Mahlerey*«. Es wird immer rätselhaft bleiben, was Beethoven mit diesem handschriftlichen Zusatz zum Ausdruck bringen wollte. Denn wenn auch kein Zweifel darüber aufkommen kann, daß er keineswegs, trotz der impressionistischen Satzüberschriften, Programm-Musik im her-

kömmlichen Sinne schreiben wollte, so gibt es in diesem Werk doch genug Augenblicke, in denen er in Tönen malt. *»Kommen Sie an die alten Ruinen«* – so schreibt Beethoven einer Bekannten nach Baden bei Wien zehn Jahre nach der Erstaufführung der PASTORALE –, *»so denken Sie, daß dort Beethoven oft verweilt. Durchirren Sie die heimlichen Tannenwälder, so denken Sie, daß da Beethoven oft gedichtet, oder, wie man sagt, componiert«*. Und als er 1823, schon völlig ertaubt, zusammen mit Anton Schindler das Wiesental zwischen Grinzing und Heiligenstadt durchwandert, fragt er seinen Begleiter, ob in den Baumwipfeln keine Goldammer zu hören sei: *»Hier habe ich die ‚Szene am Bach' geschrieben, und die Goldammer da oben, die Wachteln, Nachtigallen und Kuckucke ringsum haben mitkomponiert.«*
Das Naturgefühl – untrennbar mit der Aufklärung verbunden – begann erst um die Wende vom 18. zum 19. Jahrhundert von den Menschen Besitz zu ergreifen. Die Wälder, die Berge verloren ihre Schrecken: die Hirten, die auf sich allein gestellt, inmitten der „Allmutter Natur" lebten, wurden zur Personifizierung jenes Zeitgefühls, das der französische Philosoph Jean-Jacques Rousseau einst geweckt hatte.
Beethoven flüchtete immer wieder in die Wälder rings um Wien. *»Ich muß mich in der unverdorbenen Natur wieder erholen und mein Gemüt reinwaschen.«*
Die PASTORALE schildert in ihrem ersten Satz das *Erwachen heiterer Gefühle bei der Ankunft auf dem Lande*. Ein kleines, spielerisches, volksliedverwandtes Thema beginnt unvermittelt im heiteren Zweivierteltakt:

Gefühle, Empfindungen werden gespiegelt. Wiederum erfährt das Thema durch rhythmische, dynamische und instrumentatorische Veränderungen eine jeweils andere „Beleuchtung". Dem zweiten Thema ist die gleiche idyllische Grundstimmung zu eigen.

Wie in der FÜNFTEN spalten sich motivische Bestandteile aus dem Hauptthema ab und beginnen ein Eigenleben. Aus dem zweiten Takt wird eine der schönsten Stellen des ersten Satzes entwickelt.

Die *Szene am Bach (Andante molto mosso)* scheint der „Malerei" am nächsten, und doch ist der Satz in Sonatenform gehalten, die musikalischen Elemente behalten die Oberhand. Die Vogelrufe, die gegen Ende erklingen – Kuckuck, Wachtel, Nachtigall –, sind in der Partitur ausdrücklich angezeigt. Aber es gibt vogelkundige Menschen, die in dieser Partitur noch über ein Dutzend anderer Vogelstimmen entdecken zu können glauben.

Der dritte Satz ist mit *Lustiges Zusammensein der Landleute* überschrieben. Beethoven hat hier nicht nur ländliche Weisen verarbeitet, sondern auch im Trio die wackeren Dorfmusikanten karikiert: er hatte beobachtet, wie sie manchmal, vom Heurigen ermüdet, ein wenig einnicken, um dann, aus dem Schlaf geschreckt, rasch ein paar Töne zu blasen, damit keiner etwas merkt (Fagottstelle).

Es sind zärtliche Melodien, die da erklingen:

Aber auch derbfröhliche Weisen klingen auf, bis auf einmal die Lustigkeit jäh endet: ein Gewitter droht. Während ein paar Unentwegte noch weitertanzen, fallen die ersten Tropfen, bis dann plötzlich mit unvermuteter Gewalt das Wetter losbricht. Der Sturm peitscht über den Tanzplatz, Blitze zucken auf, schlagen in unmittelbarer Nähe krachend ein. Doch ebenso plötzlich, wie es losbrach, verebbt das Gewitter. Aus

dem fernen Grollen löst sich ein Hirtenlied: frohe und dankbare Gefühle nach dem Sturm steigen auf.
In diesem Schlußteil – ein Sonatensatz mit Rondocharakter – kehrt die friedvolle Stimmung des Anfangs zurück. »*Ist es doch, als ob jeder Baum zu mir spräche auf dem Lande: heilig, heilig! Im Walde Entzücken! Wer kann alles ausdrücken?!*«

*Besetzung:* *2 Flöten 2 Oboen 2 Klarinetten 2 Fagotte*
*2 Hörner 2 Trompeten*
*Pauken*
*Streicher*
*Im vierten Satz kommen noch Pikkoloflöte und 2 Posaunen hinzu.*

*Uraufführung: 8. 12. 1808 in Wien unter Beethoven*

## *Siebente Sinfonie in A-Dur*

Als die Noten der SIEBENTEN SINFONIE Beethovens zum ersten Male auf den Pulten der Leipziger Stadtkapelle lagen, da vermeinten die wackeren Musici, der Komponist müsse dieses Werk in trunkenem Zustand niedergeschrieben haben. Denn fassungslos standen sie jener elementaren rhythmischen Gewalt gegenüber, die sie aus jeder Notenzeile geradezu ansprang. Die Pedanten unter ihnen kritisierten zudem die Kühnheit, mit der sich Beethoven über alle traditionellen Formregeln hinwegsetzte: in der Tat ist die SIEBENTE keine Sinfonie im altklassischen Sinne, sondern ein bewußter Rückgriff auf die Möglichkeiten der Suite. Hier stehen sich nicht zwei feindliche Prinzipien kämpferisch gegenüber. Hier fehlt auch das Motto „Durch Nacht zum Licht“. In die hellfrohe Tonart A-Dur entrückt, ist dieses Werk ein einziger Hymnus der Daseinsfreude. Jeder Satz variiert dieses Lebensbekenntnis auf eigene Weise, jedoch immer mit dem gleichen Mittel:

dem Rhythmus, den Beethoven mit dieser Sinfonie für seine Zeit wiederentdeckte.

Die A-DUR-SINFONIE, gleichzeitig mit der ACHTEN konzipiert, hat keinen langsamen Satz. *Allegretto* steht über den ersten Takten jener seltsamen, zwischen Moll und Dur schwebenden, liedförmigen Weise, deren maßvoll bewegter Zweiviertel-Rhythmus den Gegenpol zur bacchantischen Ausgelassenheit der übrigen Sätze bildet.

Am *dritten Satz (Presto)* ist die Tonart bemerkenswert: gegen die Regel gibt es keine Quinten-, sondern eine Terzbeziehung (F-Dur). Auch die Pauken sind in A und F gestimmt. Die Thematik, die sich aus Stakkato-Vierteln entwickelt, ist von früheren Sätzen her wohlvertraut. Das *Finale* schließlich sprengt alle Fesseln und Formen. »*Mit einem ungarischen Bauerntanz spielte Beethoven im Schlußsatz der ganzen Natur auf, so daß, wer diese darnach tanzen sehen könnte, im ungeheuren Kreiswirbel einen neuen Planeten vor seinen Augen entstehen zu sehen glauben müßte.*« Von Richard Wagner, der diese Sinfonie eine »*Apotheose des Tanzes*« nannte, stammt diese Charakteristik des letzten Satzes. Und es ist überliefert, daß der Meister von Bayreuth in seinem letzten venezianischen Winter im Palazzo Vendramin diese von ihm so geliebte Musik zum Klavierspiel Franz Liszts selbst – getanzt hat.

*Besetzung: 2 Flöten 2 Oboen 2 Klarinetten 2 Fagotte*
*2 Hörner 2 Trompeten*
*Pauken*
*Streicher*

*Uraufführung: 8. 12. 1813 in Wien unter Beethoven*

## *Achte Sinfonie in F-Dur*

Was bei der VIERTEN noch als „Rückfall“ in die Tradition wirken konnte, das wiederholte sich bei der ACHTEN, ohne daß die Zeitgenossen daran Anstoß nahmen: eine erneute Beschwörung der Welten Haydns und Mozarts in klassischer Form. Der *erste Satz* hält sich streng an das Sonatenschema, der *dritte* ist gar ein echtes Menuett in der Art Haydns. Im *zweiten Satz (Allegretto scherzando)* kommt Beethoven mit nur einem Thema aus, das er einem Scherzkanon, den er für Mälzel, den Erfinder des Metronoms, geschrieben hatte, entnahm.

Das *Finale (Allegro vivace)* ist der eigenwilligste Satz. Die Form ist die für Beethoven charakteristische Verbindung des Rondo- mit dem Sonatengedanken, also schon etwas Gewohntes. Aber die Beziehungen der Tonarten sind nur mehr schwer zu durchschauen, vor allem die Herkunft jenes schneidenden Cis, das mit voller Lautstärke in das Pianissimo des Hauptthemas hineinplatzt. Es ist im Grunde nur ein derber Scherz: die ACHTE gilt als das »*Hohelied des Humors*«.

*Besetzung: 2 Flöten 2 Oboen 2 Klarinetten 2 Fagotte*
*2 Hörner 2 Trompeten*
*Pauken*
*Streicher*

*Uraufführung: 27. 2. 1814 in Wien unter Beethoven*

## *Neunte Sinfonie in d-Moll*

Immer wieder finden sich in allen Werken Beethovens der späteren Periode Themen, die wie Worte, wie Sätze wirken. Man spürt, wie sich dieser Komponist immer näher an die

Grenze vortastete, die den Bereich der absoluten Musik mit ihrer Unausdeutbarkeit von der Unmißverständlichkeit der Worte und Begriffe scheidet.

Drei Jahrzehnte lang trug sich Beethoven mit dem Plan, Schillers „Ode an die Freude“ zu vertonen. Er stellte ihn immer wieder zurück, bis zu jenem Augenblick, da er in diesem Freudenhymnus das gedankliche Thema eines sinfonischen Schlußsatzes gefunden zu haben glaubte. Er hatte wohl all die Jahre hindurch gespürt, daß in der sinfonischen Welt an sich kein Platz für die menschlichen Stimmen ist. Aber das, was er in seiner letzten Sinfonie aussagen wollte, duldete kein Mißverständnis. Nun war der ertaubte Beethoven, der sich nur schwer verständlich machen konnte, ohnehin von der Angst gepeinigt, falsch verstanden zu werden. Auch dies mag dazu beigetragen haben, daß er zum Wort griff, weil ihm die Töne allein nicht auszureichen schienen, sein Ideal zum Ausdruck zu bringen: „Alle Menschen werden Brüder.“ Und so schrieb er nicht nur eine riesenhafte Sinfonie: er schrieb eine Laienpredigt.

Im fahlen, geheimnisvollen d-Moll beginnt der *erste Satz*. Nach sechzehn tastenden Takten stürzt es im Fortissimo auf uns ein.

Richard Wagner hat den Versuch gemacht, den Sinngehalt der einzelnen Sätze mit Zitaten aus Goethes „Faust“ in Verbindung zu bringen. So problematisch auch solche Deutungsversuche sein mögen: hier drängt sich der Begriff des Faustischen von selbst auf.

Um der poetischen Idee gerecht werden zu können, mußte Beethoven eine Umstellung der nächsten beiden Sätze vornehmen: das *Scherzo* kommt vor dem *Adagio*. Man braucht sich nur einmal selbst vorzustellen, wie sich dieses gespenstische, wie ein Spuk dahinstürmende Scherzo vor dem Schlußsatz ausnehmen würde, um die innere Notwendigkeit für diesen Schritt zu begreifen.

Aus dem d-Moll-Akkord entwickelt sich der Auftakt: die Pauke hämmert – solistisch eingesetzt – den Rhythmus ein.

Die alte Form bleibt erhalten: im *Trio* (wenn auch die Bezeichnung für den Mittelteil fehlt) wechseln Rhythmus und Tonart.

Der Rhythmus drängt sich auch in die Koda, wird aber rücksichtslos beiseite gefegt.

*Adagio molto e cantabile* steht über dem *dritten Satz.* Eine Welt des Friedens, der Zuversicht tut sich auf: »*Erinnerung an ein früh genossenes, reinstes Glück*«, so umschreibt Wagner diese Melodien. Die beiden Themen

lösen einander immer wieder ab, erfahren Varianten, Erweiterungen, sie durchmessen verschiedene Tonarten: ihr Wesen, ihre Eigenart verändern sie nicht.

Was an friedvollen Vorstellungen aufgebaut wurde, zerstört der letzte Satz mit einem infernalischen Auftakt aller Bläser. – „*Schreckensfanfare*« nannte ihn Richard Wagner. Wie eine Vorankündigung der menschlichen Stimme melden sich die Violoncelli und Kontrabässe zum Widerspruch, der ungehört

bleibt: ein zweites Mal fährt das Auftaktthema drein. Und noch einmal antworten die tiefen Streicher.
Und jetzt läßt Beethoven plötzlich die Themen der ersten Sätze aufklingen. Immer wieder geben die Celli und Bässe eine Art Kommentar. Es ist, als lehnten sie diese „Töne“ ab, die kurze Reminiszenz an das Scherzo ebenso wie die zweitaktige Rückerinnerung an das Adagio cantabile.
Da bringen die Holzbläser eine kurze Ankündigung des Freuden-Themas, und sofort kommt die Zustimmung: die Celli und Kontrabässe sind es auch, die das hymnische Thema solistisch anstimmen:

Die Bratschen, die Fagotte fallen ein, schließlich auch in fugierter Form die Geigen, bis das ganze Orchester das Thema wie einen Marsch intoniert. Und doch scheint es seiner Sache nicht ganz sicher zu sein: es spürt, daß die „Schicksalsfanfaren“ noch nicht verstummt sind, daß sie die Zuversicht jeden Augenblick zerstören können.
Und so geschieht es auch: jäh fährt der wilde Auftakt noch einmal dazwischen. Aber jetzt stehen nicht die Instrumente auf, jetzt erhebt sich der Bariton und unterlegt dem voraufgegangenen Cellothema die entscheidenden Worte: *»O Freunde, nicht diese Töne! Sondern laßt uns angenehmere anstimmen und freudenvollere!«*
Es sind Beethovens eigene Worte. Er spürte instinktiv, daß er trotz der Rückblenden auf die früheren Sätze, trotz der instrumentalen Vorwegnahme des Freudenthemas die Verklammerung von Sinfonie und Chor noch nicht erreicht hatte: erst dieses Rezitativ stellt den inneren Zusammenhang

her. Überdies wird aber noch etwas ganz anderes erreicht: der Anruf der Zuhörer. Denn in dem Augenblick, da das Rezitativ erklingt, fallen die Schranken zwischen Podium und Konzertsaal. Der Chor, der unmittelbar in die Freudenrufe ausbricht, bezieht die Zuhörer mit ein: das Wort „uns" gilt nicht nur den Instrumentalisten und den Choristen, sondern der ganzen „Gemeinde".

Um diese Wirkung zu erreichen, hat Beethoven einzelne Teile von Schillers Ode umgestellt, andere weggelassen, selbst wenn dadurch der innere Zusammenhang gefährdet wurde. Er reduziert ihren Inhalt auf das Wesentliche: *»Seid umschlungen, Millionen, diesen Kuß der ganzen Welt! Brüder, überm Sternenzelt muß ein lieber Vater wohnen! Freude, schöner Götterfunken.«* Die Uraufführung am 7. Mai 1823 war ein ungeheurer Publikumserfolg. Fünfmal wird Beethoven mit Beifallssalven empfangen: selbst der Kaiser erhielt nach der Etikette nur drei. Aber er hört den Beifall nicht: Karoline Unger, die Altistin, muß ihn zum Publikum umdrehen, er sieht nun die applaudierenden Hände, die Tücher, die ihm zuwinken. Der materielle Erfolg? Lumpige vierzig Gulden. Es heißt, daß Beethoven, der selbst das Konzert veranstaltete und für alle Auslagen aufkommen mußte, zusammenbrach, als er das Kassenergebnis erfuhr. Draußen aber, im Saal, rief man noch immer nach ihm.

*Besetzung:* *1.–3. Satz: 2 Flöten 2 Oboen 2 Klarinetten 2 Fagotte*
*4 Hörner 2 Trompeten 3 Posaunen*
*Pauken*
*Streicher*

*4. Satz: zusätzlich: Pikkoloflöte Kontrafagott Schlagwerk (Triangel Becken Gr. Trommel)*

*Soloquartett (Sopran Alt Tenor Bariton)*

*Vierstimmiger gemischter Chor*

*Uraufführung: 7. 5. 1823 in Wien unter Kapellmeister Umlauf*

# FRANZ SCHUBERT

## *Fünfte Sinfonie in B-Dur*

Als Neunzehnjähriger hat Franz Schubert, der einzige Meister der „Wiener Klassik", der tatsächlich in Wien geboren wurde, seine FÜNFTE SINFONIE komponiert. Sie war für ein Liebhaber-Orchester geschrieben, das im Salon des Burgschauspielers Hatwig zusammenkam. In jener Zeit gab es ja kaum ein Haus, in dem nicht musiziert wurde.

An einem Junitag des Jahres 1816 notierte Schubert im romantischen Überschwang seiner Zeit in sein Tagebuch gleichsam das Motto zu dieser im selben Jahre entstandenen Sinfonie: »*O Mozart, unsterblicher Mozart, wie viele, o wie unendlich viele wohlthätigen Abdrücke eines lichtern bessern Lebens hast du in unsere Seelen geprägt!*« Die ganze Sinfonie deutet, vom ersten Takt an, unverkennbar auf Mozart hin: das Hauptthema ist imitatorisch durchwirkt und auf die Geigen und Bläser verteilt. Nicht die Melodie allein, sondern erst die Verarbeitung, die Aufteilung auf verschiedene Stimmen bestimmt seinen Charakter.

Zu erklären gibt es da nicht viel: Alles ist einfach, ist selbstverständlich. Der *zweite Satz*, ein *Andante con moto* im $^6/_8$-Takt, hat die klar überschaubare Liedform A-B-A-B-A. Die Themen lösen sich wie Refrain und Vorstrophe in ruhigem Fluß ab, bis eine Koda sie noch einmal zusammenfaßt.

Das *Menuett* steht, höchst eigenwillig, in g-Moll: es ist eher ein Scherzo, das erst im ländlerartigen Trio tanzartige Züge erhält. Hier wird die enge Verbindung Schuberts mit der österreichischen Volksmusik besonders deutlich.
Das abschließende *Finale* ist wohl bewußt den späten Haydn-Sinfonien nachgebildet: ein Rondo in Sonatenform, das Schuberts Behauptung, es gebe keine „lustige Musik", Lügen zu strafen scheint.

*Besetzung: 1 Flöte 2 Oboen 2 Fagotte*
*2 Hörner*
*Streicher*

*Komponiert: 1816*

## *Große Sinfonie in C-Dur (Nr. 9)*

Im Jahre 1838, zehn Jahre nach Schuberts Tod, besuchte Robert Schumann in Wien den Bruder des Komponisten, Ferdinand Schubert. Bei ihm entdeckte er im völlig ungeordneten Nachlaß eine GROSSE SINFONIE IN C-DUR, die, wie so manches andere, noch niemals erklungen war. In einem Leipziger Gewandhaus-Konzert ist Schuberts letzte Sinfonie von Felix Mendelssohn-Bartholdy 1839 uraufgeführt worden. »*Sie hat unter uns gewirkt wie nach den Beethovenschen keine noch.*« Schumann, der Entdecker, schrieb dies nach der Aufführung. Er konnte die Schönheit dieser Schubert-Sinfonie, deren »*himmlische Längen*« er mit einem vierbändigen Roman von Jean Paul verglich, nicht genug rühmen.
Ein *Andante*, in dem die Hörner unisono gleichsam die romantische Eingangspforte in das Werk bauen, ist dem *Allegro ma non troppo* vorangestellt. Holzbläser und Streicher, schließlich auch die Posaunen bemächtigen sich des Themas:

Keine andere Sinfonie ist so klar gegliedert wie diese. Der Tonartbereich hält sich streng an die klassische Form: C-Dur/e-Moll/G-Dur. Und doch gibt es viele Einzelzüge, die weit in die Zukunft bis hin zu Brahms und Bruckner weisen, so etwa die eigentümliche Vierteltriole im Seitenthema, die der Melodie etwas Romantisch-Schwebendes verleiht.

Die *Koda*, der krönende Abschluß, hat eine ungewöhnliche Ausdehnung: in zweimaligem Anlauf wird der hymnische Glanz des einleitenden Hornthemas vom gesamten Orchester erreicht.

Ist der erste Satz durch seine prägnante Motivik charakterisiert, so ist es der zweite durch seine Melodik, die unverwechselbares schubertisches Gepräge besitzt. Das von der Oboe vorgetragene a-Moll-Thema wirkt wie eine Erinnerung an einstige Tage in Ungarn, wo Schubert bei dem Grafen Esterházy die glücklichste Zeit seines kurzen Lebens verbrachte. Ein zartes A-Dur-Thema bildet das Gegenstück.

Und doch wirken beide Themen fast nur wie ein Vorspiel zu der verhaltenen F-Dur-Melodie, die die Keimzelle weiterer Episoden bildet:

So sinfonisch der Satz auch gehalten ist: er klingt wie ein Schubert-Lied ohne Worte.

Mit derber Fröhlichkeit poltert das *Scherzo (Allegro vivace)* daher. Die Ähnlichkeit mit der Melodik von Schuberts DEUTSCHEN TÄNZEN ist unverkennbar. Kunstvoll werden immer wieder neue Themen eingeführt und zu einem sinfonischen Ganzen verschmolzen. Das gleiche gilt auch für das mehr als tausend Takte umfassende *Finale*. Man hat es oft mit einem Frühlingshymnus verglichen, einem „Sonnengesang“. Schumanns Wort von den *»himmlischen Längen«* trifft vor allem auf diesen letzten Satz zu, mit dem Schubert, ohne es zu ahnen, Abschied von der sinfonischen Welt nahm.

Im November 1828 starb er in seiner kärglichen Bodenkammer an einer typhusähnlichen Krankheit im Alter von 32 Jahren. Das amtliche Protokoll, das seinen Nachlaß aufnahm, schließt: *»Außer einigen alten Musikalien, geschätzt auf 10 fl., befindet sich vom Erblasser nichts vorhanden.«*

*Besetzung: 2 Flöten 2 Oboen 2 Klarinetten 2 Fagotte*
*2 Hörner 2 Trompeten 2 Posaunen*
*Pauken*
*Streicher*

*Uraufführung: 21. 3. 1839 in Leipzig. Dirigent: Felix Mendelssohn-Bartholdy*

## *Sinfonie in h-Moll (»Unvollendete«)*

Auch seine UNVOLLENDETE hat Schubert ebensowenig wie die GROSSE C-DUR-SINFONIE je gehört: Die Partitur wurde erst 27 Jahre nach seinem Tode bei seinem Freund Anselm Hüttenbrenner aufgefunden. Kein anderes sinfonisches Werk hat die Phantasie so angeregt wie dieser Torso. Man rätselte immer wieder herum, warum Schubert die Komposition, die er 1822 begann, nicht vollendet hat. Skizzen zu einem Scherzo für die H-MOLL-SINFONIE liegen vor. Demnach war zumindest anfangs keineswegs beabsichtigt, die beiden ersten Sätze für sich wirken zu lassen. Vielleicht aber erkannte Schubert selbst, daß er mit ihnen bereits alles gesagt hatte, was er hatte sagen wollen. Die UNVOLLENDETE ist in der Tat in sich vollendet.

Celli und Kontrabässe eröffnen mit einer dunklen, schwerblüti-

*Schubert im Kreise seiner Freunde. Nach einem Gemälde von Röhling*

gen Melodie den *ersten Satz (Allegro moderato)*. Die Violinen folgen mit einer ostinaten Sechzehntelfigur, über der Oboe und Klarinette eine ganz verhaltene Weise anstimmen:

Alle Themen beginnen im Pianissimo, auch das Seitenthema – eigenartige Mischung von Volkslied und höchster Kunstform –, das wiederum die Celli zum Klingen bringen:

Aber diese zarte, innige Stille bleibt nicht lange. Die volksliednahe Melodie bricht jäh ab, ehe sie sich voll entfalten konnte. Eine Generalpause – dann stürmen Motivfetzen in leidenschaftlichem Fortissimo auf uns ein. »*So zerteilte mich die Liebe und der Schmerz: wollte ich wieder Schmerz nur singen, ward er mir zur Liebe.*« Diese merkwürdigen Worte aus der Erzählung MEIN TRAUM, die Schubert im Entstehungsjahr der UNVOLLENDETEN niederschrieb, scheinen hier in Töne umgeformt zu sein.

Im *zweiten Satz (Andante con moto)* bringen die Violinen nach einer kurzen Einleitung die ganz einfache Hauptmelodie.

Dann gewinnt ein zweites, von den Holzbläsern gebrachtes Thema die Oberhand: in immer neuen harmonischen Wendungen findet es aus einer Frage zur tröstlichen Antwort. Das gleiche gilt von dem Hauptthema, das in der *Koda* wiederkehrt. So unirdisch, so entrückt, wie der erste Satz begann, endet der zweite und mit ihm die Sinfonie, der vollkommenste Torso, den die Musikgeschichte kennt. Wer dieses Andante con moto in sich aufnimmt, begreift, warum Franz Peter Schubert, geboren im Wiener Himmelspfortengrund, den Beinamen „Seraphicus" erhielt . . .

*Besetzung: 2 Flöten 2 Oboen 2 Klarinetten 2 Fagotte*
*2 Hörner 2 Trompeten 3 Posaunen*
*Pauken*
*Streicher*

*Komponiert: 1822*
*Uraufführung: 17. 12. 1865 in Wien unter J. Herbeck*

# HECTOR BERLIOZ

## *Symphonie phantastique*

Es hat eine ganze Weile gedauert, bis man die Bedeutung von Hector Berlioz voll erkannte. Er war es, der den Weg für Liszt und damit für Wagner bereitete. Er war es aber auch, der mit seinen genialen Klangphantasien das spätromantische Orchester schuf: Nicht ohne tiefe Wesensbeziehung hat Richard Strauss die einst so berühmte Instrumentationslehre von Berlioz neu überarbeitet und veröffentlicht.

Hector Berlioz, 1803 als Sohn eines Arztes in Côte Saint André geboren, hat mit seiner PHANTASTISCHEN SINFONIE einst ein ungeheures Aufsehen erregt. Einerseits schockierte der riesige Orchester-Apparat, andererseits die programmatische Idee, die der leidenschaftlich liebende, stets exaltierte Komponist seinem Werke zugrunde legte: Ein junger Musiker findet das ideale Weib und durchmißt alle Stufen der Leidenschaft. In seiner hoffnungslosen Liebe nimmt er eine Überdosis Opium: Er träumt, er habe die Geliebte ermordet, und durchlebt sein eigenes Hochgericht. Ein Hexensabbat reißt ihn hinab ins Nichts.

Der schaurige Vorwurf findet zum Teil geniale musikalische Ausdeutung. Berlioz führte – vor Wagner! – das Leitmotiv ein, die „idée fixe“:

Dieses Motiv charakterisiert die Geliebte und durchzieht alle Sätze, deren Zahl Berlioz auf fünf steigerte.
Den Titel des *ersten Satzes* könnte man mit „geträumte Leidenschaft" übersetzen. Der junge Musiker erlebt die erste Begegnung mit seinem Ideal; eine verzehrende Liebe lodert auf und mit ihr – die Eifersucht.
*Der Ball (Le bal)* ist der *zweite Satz* überschrieben: Dementsprechend steht ein großangelegter Walzer, der die „idée fixe" immer wieder verwendet, im Mittelpunkt.

*Spottblatt auf die laute Instrumentation der Werke Berlioz'*

*Szene auf dem Lande (Scène aux champs)* ist der Programmtitel des *dritten Satzes.* Die pastorale Stimmung wird durch die Weisen zweier Schäfer (Oboe und Englisch-Horn) hervorgezaubert. Den jungen Mann, der sich zunächst ganz dem Abendzauber hingibt, überfällt plötzlich die jähe Angst, die „Geliebte“ könne ihn hintergehen. Für einen Augenblick gewinnen jedoch die friedvollen Empfindungen die Oberhand. Dann aber kündigt Donnergrollen das kommende Unheil an.

Der *Gang zum Hochgericht (Marche au supplice)* gibt Berlioz Gelegenheit, seine außerordentliche Phantasie zu beweisen. Unter dem Galgen erblickt der sinfonische „Held“ von fern noch einmal „die Geliebte“. Dann saust das Henkerbeil hernieder: Ein grausiger Orchesterlärm leitet zum *Hexensabbat* über. Die „idée fixe“ wird hier zu einem grellen Tanzlied umgeformt. Das Hexengelichter stimmt ein satanisches *Dies irae* an; es tanzt schließlich in rasendem Taumel um das Grab.

Die PHANTASTISCHE hat zu bissigen Karikaturen, bösen Satiren und Kritiken genügend Anlaß gegeben. Nur wenige erkannten den Wert dieser Sinfonie so klar wie Robert Schumann. Dieser lehnte die allzu enge Bindung an das „Programm“ entschieden ab und riet, das Werk allein vom Musikalischen her wirken zu lassen: *»Ob ihm Geist innewohnt, das kann wohl niemand leugnen, auch nicht einmal da, wo Berlioz fehlte.«*

*Besetzung: 2 Flöten 2 Oboen 2 Klarinetten 4 Fagotte*
*4 Hörner 2 Cornet à piston (Trompeten) 2 Posaunen*
*Tuba*
*Pauken Große Trommel Schlagwerk Glocken*
*2 Harfen*
*Streicher (mindestens 15 erste Geigen)*

*Uraufführung: 5. Dezember 1830 in Paris unter Habeneck*

# ROBERT SCHUMANN

## *Vierte Sinfonie in d-Moll*

Die vier Sinfonien Robert Schumanns haben immer nur eine tragische Außenseiterrolle in den Konzertprogrammen gespielt: Die ZWEITE (C-DUR) ist fast nie, die ERSTE und die DRITTE (die FRÜHLINGS- und die RHEINISCHE SINFONIE) sind nur sehr selten zu hören. Das mag vor allem auf eine gewisse Schwerfälligkeit der Instrumentation wie auch auf die innere Unausgeglichenheit der Sätze zurückzuführen sein. Nur die VIERTE (D-MOLL, WERK 120) erklingt verhältnismäßig oft. Sie wurde in ihrer ursprünglichen Form unmittelbar nach der ERSTEN in der glückhaften Leipziger Zeit komponiert (1841), jedoch zehn Jahre später von Schumann neu bearbeitet. Das Werk war zunächst als »*Sinfonische Fantasie für großes Orchester*« bezeichnet worden. Es weicht in vieler Hinsicht vom klassischen Schema der reinen Sinfonie ab, mit dem die „Romantiker" ohnehin sehr frei verfuhren. Alle vier Sätze gehen pausenlos ineinander über. Sie sind auch thematisch untereinander eng verbunden. So kehrt die spielerische Figur der „Romanze" im *Scherzo* wieder:

Auch das *Finalthema* durchzieht den ersten, dritten und vierten Satz. Diese gedankliche Verbindung einzelner sinfonischer Sätze ist ein besonderes Kennzeichen der Romantik, in der die Sinfonie zum Ausdruck einer Seelenstimmung, ja einer Weltanschauung erhoben wurde. Titel, wie sie in der Klassik eine Ausnahme waren, werden jetzt fast die Regel; die D-MOLL-SINFONIE trägt den Untertitel: »*Introduktion, Allegro, Romanze, Scherzo und Finale in einem Satz.*«
Sinngemäß erfolgt die eigentliche Lösung der Spannungen erst im Schlußsatz. Die Themen haben ihre letzte, klare, fast sieghafte Form gewonnen. Wie in der von Schumann entdeckten und so sehr geliebten GROSSEN C-DUR-SINFONIE Franz Schuberts gipfelt das Tongeschehen in einem einzigen, mitreißenden Hymnus. Nichts deutet darauf hin, daß der Komponist einmal in geistiger Umnachtung enden sollte.

*Besetzung:* *2 Flöten 2 Oboen 2 Klarinetten 2 Fagotte*
*4 Hörner 2 Trompeten 3 Posaunen*
*Pauken*
*Streicher*

*Robert-Schumann-Gedenkzimmer in Zwickau*

# JOHANNES BRAHMS

## *Sinfonie Nr. 1 in c-Moll*

Im Gegensatz zu den Romantikern, die mit der sinfonischen Form frei umgingen, hielt sich Johannes Brahms an die Form. Er vermied jede Erweiterung des Orchesterapparates. Er schrieb Sinfonien, »*als ob seit Beethoven nichts vorgefallen wäre*« (Hugo Wolf).

Brahms hat den übermächtigen Schatten Beethovens gefürchtet und ihm dennoch in seiner ERSTEN SINFONIE (die Hans von Bülow darum DIE ZEHNTE nannte) immer wieder beschworen. Fast zwei Jahrzehnte hat er an diesem Werk gearbeitet, das keineswegs zufällig auf die Schicksalstonart c-Moll abgestimmt wurde. Beethovens „Durch Nacht zum Licht" ist auch hier das innere Motto, das „Programm" der Sinfonie. Brahms, der gebürtige Hamburger, liebt dabei die Schattierung, die Abstufung des Hell-Dunkels. Die Themen stehen nicht, wie bei Beethoven, plötzlich da: sie entwickeln, entbinden sich.

Über einem hartnäckigen Paukenrhythmus bringen die Streicher das Einleitungsthema:

Die eigenartigen Halbtonschritte geben dem ganzen *ersten Satz* das Gepräge. Sie drängen sich auch in das eigentliche Hauptthema, in seine jähen Sprünge und eigenwilligen Rhythmen. Am Ende des Satzes, der im übrigen die Sonatenform zeigt, ist der Kampf noch lange nicht entschieden – wie in Beethovens SCHICKSALS-SINFONIE.

Das *Andante sostenuto* (E-Dur) führt in eine ganz andere, friedvolle Stimmung. Die Streicher, vor allem aber die Oboe und die Klarinette, singen sich hier zu: vom „Leid der Welt" ist nichts zu spüren.

Dem *dritten Satz (Un poco allegretto e grazioso)* liegt eine ruhig fließende, von den Klarinetten vorgetragene zehntaktige Melodie zugrunde.

Der Satz ist von einer idyllischen Stimmung durchzogen, die auch das kurze, gespenstische Auftauchen des drohenden Halbtonmotives aus dem ersten Satz nicht zerstört. Das graziöse *Trio*-Thema wird in der *Koda* kunstvoll mit dem Hauptgedanken verknüpft.

Der *vierte Satz* ist fast eine Sinfonie für sich. Er beginnt, wie der erste, mit einer langsamen Einleitung; auch das Halbtonmotiv meldet sich wieder zu Wort. Es umklammert das trostreiche Hauptthema und läßt es nicht zur Entfaltung kommen. Dann aber, nach einem wilden Streicher-Pizzicato, einem Paukenwirbel versinkt der Spuk, gebannt von einem ganz einfachen, klaren Hornmotiv, das Brahms einem schwyzerischen Alphornruf nachbildete. Die Flöte greift es auf. Posaunen stimmen eine choralartige Weise an. Das Hornmotiv übertönt sie, bis schließlich die Geigen auf der tiefen G-Saite jenes breit ausgesponnene Freudenthema anstimmen, das seine Ähnlichkeit mit dem der NEUNTEN weder verleugnen kann noch verleugnen will:

*Besetzung:* *2 Flöten 2 Oboen 2 Klarinetten 2 Fagotte Kontrafagott*
*4 Hörner 2 Trompeten 3 Posaunen*
*Pauken*
*Streicher*

*Komponiert: zwischen 1854 und 1876*
*Uraufführung: 4. November 1876 in Karlsruhe unter Desoff*

## *Sinfonie Nr. 2 in D-Dur*

In Pörtschach am Wörther See schrieb Brahms im Sommer 1877 seine zweite Sinfonie, die noch im gleichen Jahr in Wien zur Uraufführung kam. Sie gilt allgemein als seine PASTORALE; sie ist in der Tat ein idyllisches, ganz der Stimmung hingegebenes, friedvolles Werk, in dem es kaum Probleme gibt. Im *ersten Satz (Allegro ma non troppo)* spielt ein kurzes Hornmotiv die entscheidende Rolle:

Ihm ist ein zweites Thema gegenübergestellt, das die Celli anstimmen:

Beide werden in kunstvoller Sonatenform durchgeführt und miteinander verknüpft.
Die Celli eröffnen auch den *zweiten Satz (Adagio non troppo)* mit einer breit ausgesponnenen Kantilene, die später von den Geigen übernommen wird. Sie beherrscht den Satz, in dem die Stimmungen mehrfach wechseln, bis am Ende der Grundcharakter der „stillen Resignation“ wieder erreicht ist. – Eine ganz andere Welt tut sich im folgenden *Allegretto grazioso*

auf – und dennoch ist dieser *dritte Satz* unlöslich mit dem sinfonischen Ganzen verbunden. Er beginnt zunächst wie eine etwas altväterische Reminiszenz an das Menuett:

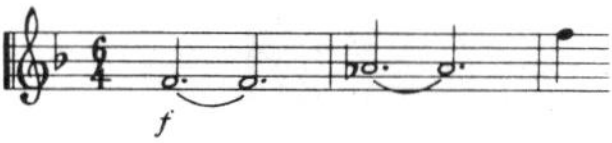

Die Stelle des Trios nimmt jedoch ein *Presto* ein, das den thematischen Grundgedanken rhythmisch abwandelt.
Der *Finalsatz* (*Allegro con spirito*) ist von einer mitreißenden Fröhlichkeit erfüllt: auch er kennt keine Probleme. Nie wieder hat Brahms einen solchen „diesseitigen" Satz geschrieben.

*Besetzung:* *2 Flöten 2 Oboen 2 Klarinetten 2 Fagotte*
*4 Hörner 2 Trompeten 3 Posaunen Baß-Tuba*
*Pauken*
*Streicher*

*Uraufführung: 30. Dezember 1877 in Wien unter Hans Richter*

## *Sinfonie Nr. 3 in F-Dur*

Es gibt kein zweites sinfonisches Werk, das wie die DRITTE SINFONIE von Johannes Brahms jedem lauten Effekt aus dem Wege geht. Alle vier Sätze verzichten auf einen brillanten Schlußeffekt und enden piano.
Auch diese Sinfonie enthält, wie die voraufgegangenen, ein Kernmotiv, das nur aus drei Tönen *F-As-F* besteht. Es läßt sich in allen vier Sätzen verfolgen.
Der *zweite Satz (Andante)* beginnt mit einer volksliedhaften Holzbläser-Melodie, die im weiteren Verlauf kunstvoll variiert wird. Ähnlich verfährt Brahms auch im folgenden *Poco allegretto:* hier tragen die Celli das romanzenhafte Thema vor, das schließlich auch die anderen Instrumente übernehmen und auf ihre Weise abwandeln:

Wieder ist, wie in der ERSTEN, der *Schluß-Satz* der eigentliche Gipfelpunkt. Auch die Kämpfe der Moll- und Dur-Themen, die Reminiszenzen an Motive der voraufgegangenen Sätze verlaufen ähnlich, nur wird die elegische Grundstimmung der Sinfonie nicht aufgegeben. Gleicht der Verlauf der ERSTEN und der ZWEITEN einer Hyperbel, die sich in jähem Aufstieg im Unendlichen verliert, so ist die innere Form der DRITTEN ein in sich geschlossener, vollkommener Kreis.

*Besetzung: 2 Flöten 2 Oboen 2 Klarinetten 2 Fagotte Kontrafagott*
*4 Hörner 2 Trompeten 3 Posaunen*
*Pauken*
*Streicher*

*Komponiert 1882*
*Uraufführung: 2. Dezember 1883 in Wien unter Hans Richter*

## *Sinfonie Nr. 4 in e-Moll*

In einem Brief, den Brahms aus Mürzzuschlag in der Steiermark an den Dirigenten Hans von Bülow richtete, bemerkte der Komponist, er fürchte, die VIERTE schmecke nach dem dortigen Klima: »*Die Kirschen hier werden nicht süß.*« Ungewöhnlich war bereits die Wahl der Tonart: Nur Haydn hatte in seiner frühen TRAUERSINFONIE einmal e-Moll verwendet. Ungewöhnlich auch der Verzicht auf den Triumph des Dur über das Moll, am ungewöhnlichsten jedoch der formale Aufbau des Finalsatzes, der vom klassischen Schema völlig abweicht.

Der *erste Satz*, in dem einem breitausgesponnenen Streicherthema ein kraftvolles „Rittermotiv“ der Blechbläser gegenübergestellt wird, hält sich, wie auch der *zweite*, an die Vorbilder, die Brahms sich selbst in den voraufgegangenen Sinfonien schuf. Der *dritte Satz* jedoch *(Allegro giocoso)* ist ein Scherzo in Sonatenart, in seiner dämonisch-hintergründigen Derbheit an den späten Beethoven gemahnend. Hier malt Brahms wie nie zuvor in grellen, schreienden Farben. Pikkolo-Flöte und die schneidend klingende C-Klarinette sowie ein erweitertes Schlagwerk müssen dazu herhalten.

Im *vierten Satz (Allegro energico e passionato)* greift Brahms auf die barocke Form der Chaconne zurück. Die Eigenart dieser Form besteht darin, daß ein *Cantus firmus*, eine immer gleichbleibende Ton- bzw. Akkordfolge, die ganze Komposition ohne jeden Einschnitt durchzieht, während andere Stimmen mit Varianten oder neuen Gedanken hinzutreten. Das Thema, die „Reihe“, die Brahms für seine VIERTE SINFONIE verwendete, lautet:

Dreißigmal wird der *Cantus firmus* wiederholt, werden immer neue Varianten gefunden. Nach der fünfzehnten Variante folgt gleichsam eine „Variation der Variation“, bis schließlich kurz vor Schluß die strenge Form selbst abgewandelt wird. Das Werk endet, wie es begann: in e-Moll.

*Karikatur von Johannes Brahms*

*Besetzung:* *2 Flöten 2 Oboen 2 Klarinetten 2 Fagotte Kontrafagott*
*4 Hörner 2 Trompeten 3 Posaunen*
*3 Pauken Triangel*
*Streicher*

*Uraufführung: 25. Oktober 1885 in Meiningen unter Johannes Brahms*

## ANTON BRUCKNER

### *Dritte Sinfonie in d-Moll*

Ein junger Musiker schwärmte dem ob seiner boshaften Bemerkungen gefürchteten Hans Pfitzner von Bruckner vor und erhielt nur ein unwilliges Knurren zur Antwort. Als er dann fortfuhr: „Aber Meister, denken Sie doch nur an die neun Sinfonien, die Bruckner schrieb!“, da fuhr Pfitzner auf: „Neun Sinfonien? *Eine* – neunmal!“

Der wahre Kern dieser herben Kritik ist nicht wegzudisputieren:

Bruckner hat in seinen neun Sinfonien immer das gleiche Grundschema verwendet. Nur in der ACHTEN und NEUNTEN wich er insofern von der eigenen Norm ab, als er nach dem Vorbild des späten Beethoven das Scherzo an die zweite und das Adagio an die dritte Stelle rückte.

Und doch, wie großartig ist die Formerfüllung, ist der Gedankenreichtum in diesen Werken! Bruckner ist der letzte große Mystiker im Bereich der Musik. Alles, was er schrieb, entströmt einer großen, durch nichts zu erschütternden Gläubigkeit. Seine Klangphantasie ist entscheidend durch sein Organistentum bestimmt. Bruckner übertrug gewissermaßen den Klangcharakter der Orgel auf den großen Orchesterapparat. Auch die eigentümlichen Zäsuren, die sich in seinen Sinfonien finden, der häufige Tempowechsel, der meist mit einem Wechsel des Instrumentariums verbunden ist, finden ihre Erklärung im Orgelstil: sie sind die kurzen Augenblicke, die der Organist für die Registrierung, die Mischung neuer Klangmöglichkeiten braucht.

Bruckner, der 1824 in einem kleinen Dorf in der Nähe von Linz zur Welt kam, war im wesentlichen Autodidakt gewesen. Der Vater, ein Schulmeister, hatte ihm die Elementarbegriffe der Musik beigebracht, wie es einst bei Schubert der Fall gewesen war. Erst als Zweiunddreißigjähriger erhielt Bruckner bei Simon Sechter, dem berühmten Theoretiker jener Zeit, bei dem schon Schubert in die Lehre gehen wollte, geregelten Unterricht.

Den entscheidenden Anstoß jedoch empfing er durch die Begegnung mit den Werken Richard Wagners. Ohne zu spüren, wie sehr sich Wagners Art von der seinen unterschied, erkor er den Meister von Bayreuth zu seinem Abgott. Im Jahre 1873 erzwang sich Bruckner Eingang in Wagners Haus. Frau Cosima wollte den bäuerlich-derben Kerl, der da vor Aufregung schwitzend mit hundert tiefen Verbeugungen nach dem „Meister" fragte, abweisen. Aber Wagner, höchst amüsiert über seinen ungebetenen Besucher, lud ihn ein.

Ein Blick in die Partituren der ZWEITEN und DRITTEN SINFONIE genügte ihm, um zu erkennen, daß er »*den größten Sinfoniker seit Beethoven*« zu Gast gebeten hatte. Er ließ ein Faß Bier anstecken und verwirrte Bruckner so, daß dieser am anderen Morgen nicht mehr wußte, ob Wagner nun die Widmung für die ZWEITE oder die DRITTE SINFONIE angenommen hatte.

*»Sr. Hochwohlgeboren Herrn Richard Wagner, dem unerreichbaren, weltberühmten und erhabenen Meister der Dicht- und Tonkunst, in tiefster Ehrfurcht gewidmet.«* Bruckner hatte in der ersten Fassung mehrfach wagnersche Motive zitiert, die er später, bis auf das Tristan-Motiv im Adagio, wieder entfernte. Charakter und Widmung machen die DRITTE auch ohnedies zur WAGNER-SINFONIE.

Im Mittelpunkt des *ersten Satzes (Mäßig bewegt, misterioso)* steht ein für Bruckner charakteristischer Fanfarenruf, der weniger an Wagner als an Beethovens NEUNTE gemahnt:

Bei Bruckner ist es nicht immer leicht, zwischen Haupt- und Nebenthemen zu unterscheiden. Im Grunde stehen bei ihm mindestens drei Themen (die man mit dem Wesen der Dreifaltigkeit in Verbindung gebracht hat) gleichberechtigt nebeneinander. Dennoch wird das Sonatenschema weitgehend eingehalten, jedoch ins Riesenhafte erweitert.

Im *zweiten Satz (Adagio, bewegt, quasi Andante)* verwendet Bruckner eine Tonart, die in keiner Weise mit der Grundtonart in Verbindung zu bringen ist. Er entrückt diesen in Es-Dur stehenden Satz gleichsam auch harmonisch in eine ganz andere Welt. Das Grundthema ist von einer schubertnahen, volksliedhaften Innigkeit.

Die Form ist völlig symmetrisch: A-B-C-B-A.

Im *Scherzo* kann man nur schwer von einem Thema sprechen: hier sind vielmehr Motive kunstvoll aneinandergereiht. Auf den derben, hintergründigen Hauptteil folgt als extremer Kontrast ein *Trio* mit einer tanzliedartigen Melodie, die Bruckner in einer Dorfschenke gehört haben mag.

Im *letzten Satz (Allegro)* baut sich Bruckner mit allen Mitteln seine sinfonische Welt, in der Himmel und Erde, Tanz und

Choral, Lust und Leid verschwistert sind. In den hymnischen Schluß mündet das Fanfarenmotiv des ersten Satzes, das vom ganzen Orchester unisono gebracht wird – wie von einem vollen Orgelwerk.

*Besetzung: 2 Flöten 2 Oboen 2 Klarinetten 2 Fagotte*
*4 Hörner 3 Trompeten 3 Posaunen*
*Pauken*
*Streicher*

*Uraufführung: 10. Dezember 1877 in Wien unter Bruckner*

## *Vierte Sinfonie in Es-Dur (»Romantische«)*

Bruckner selbst hat seine Es-Dur-Sinfonie DIE ROMANTISCHE genannt. Er gab ihr sogar ein „Programm“: »*Mittelalterliche Stadt – Morgendämmerung – von den Stadttürmen ertönen Weckrufe – die Tore öffnen sich – auf stolzen Rossen sprengen die Ritter hinaus ins Freie – der Zauber des Waldes umfängt sie – Waldesrauschen – Vogelgesang.*« Aber diese naive Deutung entspricht der Größe des Werkes in keiner Weise. „Die Ehre Gottes in der Natur“ – das ist das eigentliche Thema dieser Sinfonie.
Über einem Streicher-Tremolo – man hat es mit einem Urnebel verglichen – bringen die Hörner das erste Thema:

Den Blechbläsern ist die Hauptlast aufgebürdet – wie bei Wagner. Die Streicher stehen erst im *Andante quasi Allegretto* im Mittelpunkt, dessen Hauptgedanke an einen Trauermarsch gemahnt:

Aber im Grunde lassen sich alle Bruckner-Themen sehr schwer „erklären“. Man sollte auch gar nicht soviel Programmatisches in ihnen suchen, sondern sie einfach auf sich wirken lassen mit ihrem seltsamen, atemversetzenden Zauber. Allerdings, wenn das *Scherzo* mit Jagdhorn-Fanfaren beginnt, die sogleich von den Trompeten aufgenommen werden, dann ist das „Thema“ ohne weiteres klar: eine fröhliche Jagdgesellschaft durchstreift den Wald, macht kurz in einer Schenke (Trio-Ländler) Rast, um sodann aufs neue dahinzugaloppieren.

*Bewegt, doch nicht zu schnell* steht über dem *Finale.* Hier kommt man mit einer Formanalyse nicht weit, man muß diesen Satz in seiner ganzen Größe und Weite auf sich wirken lassen. Bruckner selbst erklärte einmal, er wüßte gar nicht, was er sich alles „dabei gedacht“ habe: Er sang, wie er mußte, und wie er's mußte, so konnt' er's.

*Besetzung:* *2 Flöten 2 Oboen 2 Klarinetten 2 Fagotte*
*4 Hörner 3 Trompeten 3 Posaunen Baß-Tuba*
*Pauken Schlagwerk*
*Streicher*

*Uraufführung: 20. Februar 1881 in Wien unter Hans Richter*

## *Fünfte Sinfonie in B-Dur*

Bruckner hat seine PHANTASTISCHE nie gehört: Als das Riesenwerk, siebzehn Jahre nach seiner Entstehung, in Graz zur Uraufführung kam, konnte der Komponist, schwer krank und hinfällig, die Reise nicht mehr wagen.

Auch mit der FÜNFTEN ist es wie mit einem alten Bild: selbst wenn man es in seinen Grundzügen längst in sich aufgenommen hat, entdeckt man doch immer wieder neue Einzelheiten. Das „Baumaterial“ besteht im Grunde nur aus einem prägnanten Rhythmus und dem motivischen Mittel des Oktavsprunges. Wieder stehen die einzelnen Sätze untereinander in enger Beziehung. So spielt das Hauptthema des *ersten Satzes*

auch im *Finale* eine bedeutsame Rolle. Beide Sätze stehen in B-Dur, während die *Mittelsätze* in F-Dur gehalten sind. Die Triolen-Begleitfigur des Adagios kehrt notengetreu im *Scherzo* wieder – um nur zwei der wichtigsten Verbindungsmerkmale zu nennen.

Das *Finale* übernimmt zunächst die langsame Einleitung des ersten Satzes. Dann wirft plötzlich die Klarinette ein neues Thema wie eine Frage auf:

Es wird zunächst fugenartig abgehandelt, wie überhaupt dieser Schlußsatz auf polyphone Formen zurückgreift. Ein Choralthema

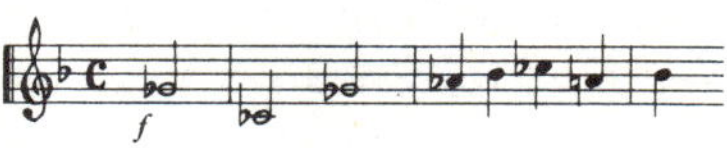


wird mit dem ersten Thema zu einer Doppelfuge verwendet, die von Anfang an die Grundabsicht des Finale gewesen ist:

In der *Koda* werden alle Bauelemente zu einem riesigen Dom übereinandergewölbt. Die krönende Kuppel bildet dabei der Choral.

*Besetzung:* *2 Flöten 2 Oboen 2 Klarinetten 2 Fagotte*
*4 Hörner 3 Trompeten 3 Posaunen Baß-Tuba*
*Pauken*
*Streicher*

*Für den vierten Satz zusätzlich*
*4 Hörner 3 Trompeten 3 Posaunen Baß-Tuba*

*Uraufführung: 8. April 1894 in Graz unter Franz Schalk*

## *Siebente Sinfonie in E-Dur*

Auf die gewaltige FÜNFTE war die ruhigere, abgeklärte SECHSTE gefolgt, die Bruckner als Ganzes ebenfalls nie gehört hat. Sie wurde erst nach seinem Tode von Gustav Mahler in Wien uraufgeführt. Aber die darauffolgende SIEBENTE brachte Bruckner, dem Sechzigjährigen, die ersten großen Erfolge. Sie hat „sein Glück gemacht".
Der Komponist hatte inzwischen das „Ring"-Orchester Wagners kennengelernt. Die Tuben machten auf ihn solchen Eindruck, daß er sie in sein Instrumentarium einführte. Auch sonst ist das Werk in Gedanken an Wagner geschrieben; das *Adagio* war als Trauermusik für den Bayreuther Meister gedacht. Es wurde vollendet, als die Todesnachricht aus Venedig eintraf.
Über einundzwanzig Takte spannt sich das Hauptthema, das die Celli aus dem Tremolo der übrigen Streicher – aus dem „Urnebel" – herauslösen:

Der in Sonatenform gehaltene Satz wirkt klarer und übersichtlicher als frühere Sätze, nicht zuletzt durch seine plastische Melodik.

In dem *»sehr feierlichen und sehr langsamen« Adagio* stehen sich zwei Themengruppen (cis-Moll und fis-Moll) gegenüber. Anfangs herrschen die tiefen Streicher und die weihevollen Klänge der Wagner-Tuben vor. Gegen Ende des Satzes entwickelt sich über zweiunddreißig Takte hinweg eine der für Bruckner so bezeichnenden riesenhaften Steigerungen, deren Höhepunkt durch einen Beckenschlag markiert ist. (Als dieser bei der ersten Münchener Aufführung erklang, verließ ein Professor der Ästhetik mit einem lauten „Pfui Teufel" den Saal!)

Im *Scherzo (Sehr schnell)* bringen die Streicher zunächst eine motorische Begleitfigur. Die Trompete signalisiert einen kecken Einfall. Sie wird jedoch sofort von den Violinen und Klarinetten mit einem fast walzerhaft wiegenden Gegenthema attackiert. Mit diesem knappen Material baut Bruckner sein Scherzo in klassischer Form.

Im *vierten Satz (Bewegt, doch nicht zu schnell)* stürmt ein aus dem Kernthema abgeleitetes ritterliches Synkopenthema einher:

Ein Choral, der im Verlauf des Geschehens immer mehr an Bedeutung gewinnt, stellt die innere Spannung von These und Antithese her. Eine kaum mehr übersehbare Themen- und Motivfülle strömt auf den Hörer ein, bis über einem lang ausgehaltenen Orgelpunkt auf E die krönende Koda erreicht wird, in der, machtvoll gesteigert, das Kernthema noch einmal erklingt.

*Besetzung: 2 Flöten 2 Oboen 2 Klarinetten 2 Fagotte*
*4 Hörner 3 Trompeten 5 Tuben*
*Pauken Schlagwerk*
*Streicher*

*Uraufführung: 30. Dezember 1884 in Leipzig unter Arthur Nikisch*

## Achte Sinfonie in c-Moll

In seiner ACHTEN SINFONIE erreicht Bruckner eine „Kunst der Sinfonie", die so einzig dasteht wie Bachs „Kunst der Fuge". Bei keinem anderen seiner Werke erkennt man so deutlich, wie wenig sich der Komponist über das, was er niederschrieb, im klaren war. Er hat der ACHTEN ein eigenartiges „Programm" gegeben: Immer wieder erzählte er merkwürdige Dinge vom „deutschen Michel", der ins Land hinausträume und – im Finalsatz – bei der Dreikaiser-Zusammenkunft von Skiernewice von den Kosaken gefangen werde, ihnen aber zu entkommen vermöge und sie „vom Mastbaum herab" auslache.
Ein anderes Mal aber hat der gleiche Bruckner die einzig mögliche Deutung für sein Werk gegeben, als er unvermittelt sagte: »*Mei Achte is a Misterium!*«
Die innere Anlage dieser Sinfonie entspricht durchaus der von Bruckner bisher angewandten Form. Nur ist alles, auch im Klang, ins Riesenhafte gesteigert. Die Holzbläser sind dreifach besetzt, auch Hörner (vier Tuben) und zwei Harfen vorgeschrieben. Bruckner hatte diese Instrumente zuvor strikt abgelehnt: »*A Harf'n g'hört in kaa Sinfonie.*« Aber dann bekannte er: »*I hab' mir nöt anders helfen können!*«
Der *erste Satz* verklingt in Streichern und Klarinetten in einem verhauchenden Pianissimo: so ergab sich aus Gründen der Gegensätzlichkeit von selbst, daß ein kraftvolles *Scherzo* (wie in Beethovens NEUNTER) an die zweite Stelle rückte.

Das *Adagio (Feierlich langsam, doch nicht schleppend)* entwickelt sich, wie der ganze sinfonische Kosmos, aus kleinen Sekunden-Schritten, die schon den ersten Satz bestimmten:

Das Adagio ist in einer Mischform von Rondo und Sonate gehalten. Auf dem Gipfelpunkt der ersten großen Steigerung erklingt – das „Siegfried"-Motiv Richard Wagners.
Im *Finale*, das mit einem „Kosakenritt" beginnt, strömt alles der *Koda* entgegen, in der die Themen aller voraufgegangenen Sätze quaderhaft übereinandergetürmt werden. In den Streicherbässen, die durch einzelne Bläserstimmen verstärkt werden, erscheint das Hauptthema des ersten Satzes. Zwei Hörner übernehmen das Adagio-Thema, während Flöten, Klarinetten und Trompeten das Scherzo-Thema in verbreiterter Form bringen: die Krönung des romantischen sinfonischen Gedankens schlechthin.

*Besetzung: 3 Flöten 3 Oboen 3 Klarinetten 3 Fagotte*
*8 Hörner 3 Trompeten*
*3 Posaunen Kontrabaß-Tuba*
*2 Harfen*
*Pauken Schlagwerk*
*Streicher*

*Uraufführung: 18. Dezember 1892 in Wien unter Hans Richter*

## *Neunte Sinfonie in d-Moll*

Es wäre Bruckner vermessen erschienen, seiner NEUNTEN eine andere Tonart als d-Moll zu geben. Sie schien durch Beethovens Werk für ihn mit dieser sinfonischen Zahl untrennbar verbunden. Von Altersbeschwerden gepeinigt, von Wahnideen besessen – so setzte er alles an die Vollendung dieser

Sinfonie, deren Titelblatt den Vermerk »*Dem lieben Gott gewidmet*« trägt. Als Bruckner spürte, daß er bald sterben würde, bestimmte er, daß sein großes *Tedeum* als letzter Satz erklingen sollte.

Alles, was uns aus den früheren Bruckner-Sinfonien vertraut ist, wird hier noch einmal zusammengefaßt: Der „Urnebel", aus dem sich die Themen lösen, die punktierten Fanfarenmotive, das gewaltige Unisono des gesamten Orchesters, die riesenhaften Steigerungen, die dämonische Hintergründigkeit des Scherzos, das hier, wie in Bruckners ACHTER und Beethovens NEUNTER SINFONIE, den zweiten Satz bildet. Das Adagio-Thema berührt eigenartigerweise alle zwölf Töne der chromatischen Skala:

Den weihevollen Gesang der Wagner-Tuben im Adagio hat Bruckner selbst seinen »*Abschied vom Leben*« genannt. Am 11. Oktober 1896 ist er in Wien gestorben. Unter der großen Orgel des Stiftes St. Florian, in dessen Bannkreis er aufwuchs und in dem er die entscheidendsten Eindrücke seines Lebens empfing, hat er seine letzte Ruhestätte gefunden.

*Besetzung: 3 Flöten 3 Oboen 3 Klarinetten 3 Fagotte*
*8 Hörner (4 Tuben) 3 Trompeten 3 Posaunen*
*Kontrabaß-Tuba*
*Pauken*
*Streicher*

*Uraufführung der sogenannten „Löwe"-Fassung: 11. Februar 1903 in Wien unter Ferdinand Löwe. Originalfassung: 2. April 1932 in München unter S. v. Hausegger*

# ANTONIN DVOŘÁK

## *Sinfonie Nr. 9 in e-Moll (»Aus der neuen Welt«)*

Fast ein wenig neidisch brummte Brahms beim Studium einer Dvořák-Partitur: »*Man möchte aus der Haut fahren, wenn man sieht, was diesem Kerl alles so nebenher einfällt!*«
In insgesamt neun Sinfonien, in zahlreichen Opern und in Konzertstücken hat Dvořák immer wieder seine erstaunliche Einfallskraft bewiesen, zugleich aber auch seine Unbekümmertheit in formalen Dingen. Nur seine NEUNTE erfüllt völlig überzeugend die sinfonische Form.

Der Untertitel *Aus der neuen Welt* bezieht sich auf den Kompositionsort: Dvořák war von 1891 – 1895 Direktor eines New Yorker Konservatoriums. Er gab offen zu, daß er durch Negro-Spirituals und indianische Melodien inspiriert worden sei, bestritt jedoch – mit Recht – jede Zitierung; er habe nur „im Geist" dieser Weisen komponiert.
Viel stärker kommt in dieser Sinfonie sein Heimweh zum Ausdruck. Denn die böhmischen Motive überwiegen in jedem Satz. Die Englisch-Horn-Melodie des Largo – Dvořák nannte sie eine „Legende" – ist kein „Lied der Prärie", sondern ein Lied aus dem Böhmerwald.

Formal hält sich Dvořák eng an das klassische Schema; er stellt jedoch durch Zitate einen inneren Zusammenhang zwischen allen Sätzen her. Im *Finale (Allegro con fuoco)* erscheinen sowohl in der Durchführung wie in der Koda die Hauptthemen der voraufgegangenen Sätze.

*Besetzung:* *2 Flöten 2 Oboen 2 Klarinetten 2 Fagotte*
*4 Hörner 2 Trompeten 3 Posaunen*
*Pauken Schlagwerk*
*Streicher*

*Uraufführung: 16. Dezember 1893 unter Anton Seidl in New York*

## PETER TSCHAIKOWSKIJ

*Vierte Sinfonie in f-Moll*

*»Das russische Element in meiner Musik – das heißt die dem russischen Liede verwandte Art der Melodienführung und ihre Harmonisierung – ist darauf zurückzuführen, daß ich . . . von frühester Kindheit an von der unbeschreiblichen Schönheit der Volksmusik durchdrungen war und ich das*

*russische Element in allen seinen Erscheinungsformen bis zur Leidenschaft liebe, mit einem Wort: daß ich eben ein Russe bin!«*

Das sind Tschaikowskijs eigene Worte über sich und seine Musik. Rund vierzig Jahre nach seinem Tode wurden sie von seinem Landsmann Igor Strawinskij bestätigt: »*Tschaikowskij war der russischste von uns allen.*«

Das merkwürdige aber war, daß man Tschaikowskij zu seinen Lebzeiten immer wieder vorwarf, er sei ein „Westler" – Paris, nicht St. Petersburg sei sein Ideal. Die deutliche Abneigung, die der Komponist gegenüber seinen russischen Kollegen zur Schau trug – Mussorgskij, Borodin, Rimskij-Korssakow waren ja seine Zeitgenossen –, mag dieses Urteil beeinflußt haben. Daß es ein Fehlurteil war, ist sicher.

Aber nicht nur das Russische bestimmt Tschaikowskijs Musik, auch sein persönliches Erleben, seine Leidenschaften, sein Getriebensein spricht aus seinen Sinfonien. Von den meisten seiner Zunftgenossen verkannt und gemieden; in eine schicksalhafte Bindung mit einer Frau verstrickt, der er in zahllosen Briefen sein Innerstes anvertraute und der er doch niemals von Angesicht zu Angesicht gegenüberstand; zu einer Ehe gezwungen, die er nie vollziehen konnte: so verlief sein Leben in ständigen, quälenden Spannungen, die er durch seine Musik zu lösen versuchte.

Tschaikowskijs SECHSTE SINFONIE (PATHÉTIQUE) ist wohl – neben Mahlers LIED VON DER ERDE – eines der erschütterndsten Selbstbekenntnisse, die je in Musik gesetzt wurden. Aber auch die beiden voraufgehenden Sinfonien sprechen eine ganz persönliche Sprache.

Tschaikowskij komponierte in ihnen stets ein „Programm": das der FÜNFTEN und SECHSTEN hat der Komponist nur in Andeutungen preisgegeben, das der VIERTEN jedoch seiner geliebten Freundin Nadeshda von Meck in allen Einzelheiten anvertraut.

*»Die Einleitung enthält den Keim der ganzen Sinfonie, ohne Frage ihren Haupteinfall: das Fatum, jene Schicksalsgewalt, die unser Streben nach Glückseligkeit hindert, die eifersüchtig darüber wacht, daß Glück und Friede nicht vollkommen oder ungetrübt seien.«*

*»Es ist unüberwindlich, und wir werden nie fertig mit ihm. Man muß sich ihm unterwerfen und seine Zuflucht in vergeblichen Sehnsüchten suchen.«*
Die schwebende 6/8-Melodie (Seitenthema) charakterisiert Tschaikowskij selbst mit folgenden Worten: *»Eine süße, zarte Vision steigt auf. Ein seliges, lichtes Wesen schwebt heran und lockt.*
*Nach und nach haben Träume die Seele vollkommen eingehüllt. Alles Düstere und Freudlose ist vergessen. Das Glück – es ist da! Aber nein. Es war nur ein Traum. Das Fatum weckt uns, bringt uns in die Wirklichkeit zurück. So ist das ganze Leben ein unaufhörlicher Wechsel von grausamer Wirklichkeit, flüchtigen Visionen und freudvollen Träumereien. Es gibt keinen Hafen. Hierhin und dorthin werden wir von den Wellen verschlagen, bis die See uns verschlingt.«*
Das Motto des *zweiten Satzes (Andantino in modo di canzone)* hat Tschaikowskij mit den Worten umschrieben: *»Traurig und doch irgendwie süß zugleich ist es, sich an die Vergangenheit zu verlieren.«*

Der *dritte Satz* ist ein Unikum der gesamten sinfonischen Literatur. Die Streicher werden durchweg nur im Pizzicato

verwendet. Die Holzbläser (solo) beginnen mit dem Trio (A-Dur), das Blech, ebenfalls solistisch verwendet, folgt, bis sich Holz- und Blechbläser vereinigen. Die Streicher werfen das Pizzicato-Thema immer wieder in die „Debatte"; es behauptet sich selbst im Pianissimo bis zum Schluß.
Die meisten Dirigenten schließen den *letzten Satz* unmittelbar an das *Scherzo* an: »*Ein Bild von einer Volksbelustigung an einem Feiertag. Kaum aber haben Sie, teuerste Freundin, Gelegenheit gehabt, sich selbst zu vergessen, als das unermüdliche Fatum aufs neue erscheint und seine Allgegenwart in Erinnerung bringt.*«

*Besetzung: Pikkoloflöte 2 Flöten 2 Oboen 2 Klarinetten 2 Fagotte*<br>
*4 Hörner 2 Trompeten 3 Posaunen Tuba*<br>
*Pauken Schlagzeug*<br>
*Streicher*

*Uraufführung: 22. Februar 1878 in Moskau unter Nicolai Rubinstein*

## *Fünfte Sinfonie in e-Moll*

Das Programm dieser Sinfonie ist nur in einem fragmentarischen Satz enthalten, der ebensogut von Beethoven formuliert sein könnte: »*Introduktion: Völlige Ergebung in das Schicksal oder, was dasselbe ist, in den unergründlichen Ratschluß der Vorsehung.*«
Diesen Leitgedanken

läßt Tschaikowskij in allen vier Sätzen aufklingen. Dem prägnanten Rhythmus wird immer wieder ein synkopiertes, schwebendes, walzerähnliches Thema gegenübergestellt.

Im *zweiten Satz (Andante cantabile con alcuna licenza)* dominiert eine weitgesponnene Melodie, die dem Solo-Horn anvertraut wurde – sie bedarf keiner weiteren Erklärung:

*Valse* steht über dem *dritten Satz*, dessen Hauptmelodie einem italienischen Volkslied nachempfunden wurde. Die Grundform folgt dem klassischen Scherzo-Schema.
Im *Finale* erklingt zunächst das „Leitmotiv" in hellem Dur. Dann gewinnen verschiedene düstere Mollgedanken vorübergehend die Oberhand, bis „das Schicksal" in einer breitangelegten, hymnischen Koda endgültig gemeistert zu sein scheint.

*Besetzung:* *3 Flöten 2 Oboen 2 Klarinetten 2 Fagotte*
*4 Hörner 2 Trompeten 3 Posaunen, Tuba*
*Pauken*
*Streicher*

*Uraufführung:* 17. *November 1888 in St. Petersburg unter Tschaikowskij*

## *Sechste Sinfonie in h-Moll (»Pathétique«)*

Den Namen PATHÉTIQUE hat Tschaikowskij selbst auf das Titelblatt gesetzt; die Anregung gab jedoch sein Bruder Modest. Das Werk sollte ursprünglich nur den Titel „Eine Programm-Sinfonie" tragen. Der Komponist verwarf ihn kurz vor der Uraufführung, vermutlich weil er sonst gezwungen gewesen wäre, eben dieses ganz aus persönlichem Erleben geformte Programm auch preiszugeben. »*Wer kann, mag es erraten!*«

Wieder ist die Grundtonart in Moll gehalten, das sich in der PATHÉTIQUE nur sehr selten in Dur verwandelt. Die Einleitung, in der das Fagott die Urform des Hauptthemas zu entwickeln versucht, führt sogleich in die düstere, tragische Stimmung des ganzen Werkes ein. Leidenschaftlich wird im *Allegro non troppo* das Hauptthema hervorgestoßen.

Es erlebt verschiedene harmonische und vor allem instrumentale Verwandlungen; es wird gewissermaßen von allen Seiten beleuchtet. Auffallend – und charakteristisch für Tschaikowskij – sind die detaillierten dynamischen Vorschriften: Ein vierfaches Fortissimo verwandelt sich kurz vor Schluß innerhalb eines einzigen Taktes in ein Piano; kurz vor der Reprise ist sogar ein fünffaches Pianissimo *(ppppp)* vorgeschrieben. Im Pianissimo verklingt auch der choralartige Schluß, den die Bläser über einem Streicher-Pizzicato cantabile anstimmen.

Ein *Allegro con grazia* steht an der Stelle des langsamen Satzes. Es ist durchweg im $^5/_4$-Takt gehalten; die Celli stimmen das in hellem D-Dur gesetzte, gesangliche Thema an:

Der *Mittelteil (h-Moll)* liegt über einem Orgelpunkt D, den die Kontrabässe und Pauken bis in den Übergang zur Wiederholung des Anfangs (Reprise) durchhalten. Auch dieser Satz endet im Pianissimo.

Wie ein russischer Geschwindmarsch kommt der *dritte Satz* daher: ein ebenso effektvolles wie kraftvolles *Scherzo*. Nach einer kurzen Einleitung, in welcher der fast durchgehende Begleitrhythmus festgelegt wird, bringen die Oboen den Anfang des Hauptmotivs, das erst allmählich, im Zusammenwirken aller Instrumente, voll entwickelt wird.

Das Gegenthema hat mit seinem Flöten-Stakkato, das parallel zum Pizzicato der Streicher verläuft, etwas reizvoll „Fernöstliches“. Aber es kann sich gegen die mitreißende Gewalt des Marsches nicht behaupten.

Das *Finale* trägt die Tempobezeichnung *Adagio lamentoso.* Sein klagendes Thema formulieren die geteilten Violinen in einer eigentümlichen, melodischen Verschränkung:

Die Melodie selbst lautet:

Aus ihr formt sich der ganze Satz, mit dem der Komponist, ohne es zu ahnen, Abschied nahm von dieser Welt. Neun Tage nach der Uraufführung, die kaum mehr als einen Achtungserfolg erzielen konnte, starb Tschaikowskij im Alter von dreiundfünfzig Jahren an der Cholera. Kurz zuvor hatte er seinem Bruder geschrieben: *»Du kannst Dir nicht vorstellen, welche Glückseligkeit ich empfinde, wenn ich spüre, daß meine Zeit noch nicht vorüber ist und daß ich vielleicht doch noch eine Menge vollbringen kann. Vielleicht irre ich mich, aber das ist kaum wahrscheinlich.«*

*Besetzung:* *3 Flöten 2 Oboen 2 Klarinetten 2 Fagotte*
*4 Hörner 2 Trompeten 3 Posaunen Tuba*
*Pauken Schlagzeug*
*Streicher*

*Uraufführung: 28. Oktober 1893 in St. Petersburg unter Tschaikowskij*

# JEAN SIBELIUS

## *Zweite Sinfonie in D-Dur*

Im biblischen Alter von 91 Jahren ist Jean Sibelius 1957 in seiner finnischen Heimat, deren Rhapsode er war, gestorben. Wenn die Welt vor der Jahrhundertwende etwas von der Eigenart Finnlands erfuhr, so geschah dies allein durch Sibelius, der die Programmthemen seiner sinfonischen Dichtungen finnischen Sagen und Epen entnahm: DER SCHWAN VON TUONELA, LEMMINKÄINEN UND DIE JUNGFRAUEN AUF SAARI und vor allem FINLANDIA.

Von seinen sieben Sinfonien hört man in Deutschland fast nur noch die ZWEITE (D-Dur) und die FÜNFTE (Es-Dur). Sie sind 1902 bzw. 1915 entstanden. Sibelius selbst erklärte später einmal: »*Meine Sinfonien sind Musik, die als musikalischer Ausdruck ohne jedwede literarische Grundlage erdacht worden ist. Für mich fängt die Musik dort an, wo das Wort aufhört.*«

Jedem Hörer drängt sich sogleich die Ähnlichkeit mit der Sprache Tschaikowskijs auf. Ohne Zweifel ist Sibelius durch dessen Werke nicht unwesentlich beeinflußt worden. Aber wo der Russe resigniert und sich den dunklen Mächten fast willenlos überläßt, dort greift Sibelius „dem Schicksal in den Rachen". Sein persönliches Erleben tritt immer wieder hinter

dem Erlebnis der Natur zurück, das gerade in diesen beiden Sinfonien in all seiner Vielfältigkeit geschildert wird. Man wird etwa beim zweiten Thema im ersten Satz der D-Dur-Sinfonie eher an Dvořák als an Tschaikowskij erinnert – so „volkstümlich“ ist es empfunden.
Höhepunkt der im klassischen Viersatz-Schema verharrenden Sinfonie ist das *Finale*, das von dem Posaunenthema

beherrscht wird.

*Besetzung:* *2 Flöten 2 Oboen 2 Klarinetten 2 Fagotte*
*4 Hörner 3 Trompeten 3 Posaunen Tuba*
*Pauken*
*Streicher*

*Uraufführung: 8. März 1902 in Helsingfors (Helsinki) unter Sibelius*

## *Fünfte Sinfonie in Es-Dur*

Zu Beginn des ersten Weltkrieges – 1915 – wurde die FÜNFTE SINFONIE von Jean Sibelius in verhältnismäßig kurzer Zeit komponiert. Sie kam an seinem fünfzigsten Geburtstag zur Uraufführung. Formal geht der Komponist mit dem sinfonischen Schema sehr eigenartig um: die Abschnitte sind nicht numeriert, und es wird nicht eindeutig klar, ob es sich um zwei oder drei Sätze handelt. Denn der erste Teil des *ersten Satzes* ist Exposition (Einleitung) und Durchführung, im *Allegro* nimmt die Durchführung den Charakter eines Scherzos (mit Trio) an, auf dessen Wiederholung eine breit angelegte Reprise folgt.

Für den *zweiten Satz* wählt Sibelius eine freie Variationsform. Das Thema besitzt volksliedhafte Schlichtheit:

Das *Finale*, das organisch aus diesem Variationssatz herauswächst, wird von einem ebenso einfachen wie wirkungsvollen Horn-Thema beherrscht. Die Nebenthemen, abwechselnd von den Streichern und von den Blechbläsern eingeführt, verdichten sich zu einem kraftvollen Schluß-Thema, dessen Steigerung zu einem fast monumentalen Ausklang führt.

*Besetzung:* *2 Flöten 2 Oboen 2 Klarinetten 2 Fagotte*
*4 Hörner 3 Trompeten 3 Posaunen*
*Pauken*
*Streicher*

*Uraufführung: 8. Dezember 1915 in Helsingfors unter Sibelius*

*Eine schlichte Holzhütte unter Birken am Seeufer war die eigentliche Werkstatt des Komponisten Sibelius. Klavier und Arbeitstisch – mehr brauchte er nicht, um, über sein Notenblatt gebeugt, nordische Seelenstimmungen in die zarte Melancholie seiner Klänge zu bannen*

# CÉSAR FRANCK

*Sinfonie in d-Moll*

Als César Francks D-MOLL-SINFONIE im Jahre 1889 in einem Konzert des Pariser Conservatoire-Orchesters uraufgeführt wurde, schüttelten die „Fachleute“ ärgerlich den Kopf. Der eine beanstandete die Verwendung des Englisch-Horns in einer Sinfonie, der Komponist Saint-Saëns hörte in ihr „die Totenglocke der klassischen Harmonie läuten“, und Charles Gounod, Komponist der Oper MARGARETE, erblickte in diesem Werk angeblich „die zum Dogma erhobene Impotenz“. Erst aus dem Nachlaß Francks wurde das dreisätzige Werk wieder hervorgeholt. Heute gehört es in Frankreich wie in Deutschland zum großen Repertoire.
Ein leidenschaftlich düsteres d-Moll-Thema beherrscht den *ersten Satz:*

Es kehrt im *Finale* wieder, wie überhaupt die Themen sich nach Art der romantischen Sinfoniker durch alle Sätze hindurchziehen. Das *Allegretto (b-Moll)* hat den Charakter eines gespenstischen Trauermarsches. Einer klagenden Weise des

Englisch-Horns steht eine zuversichtliche Melodie der Streicher gegenüber. Die harmonischen Wendungen erinnern mehr als einmal an die Klangwelt Richard Wagners.
In D-Dur steht der abschließende dritte Satz *(Allegro non troppo)*. Aber erst im Finale weicht die dunkle, düstere Grundstimmung, die über die ganze Sinfonie gebreitet scheint: Bekenntnismusik eines Mannes, der erst am Ende seines Lebens ein Echo auf seine Kunst erleben durfte.

*Besetzung: 2 Flöten 2 Oboen 2 Klarinetten Baß-Klarinette*
*Englisch-Horn 2 Fagotte*
*4 Hörner 4 Trompeten 3 Posaunen Tuba*
*Pauken*
*Streicher*

*Uraufführung: 1889 in Paris*

## GUSTAV MAHLER

### *Zweite Sinfonie in c-Moll*

»*Mir heißt Sinfonie: mit allen Mitteln der vorhandenen Technik mir eine Welt aufbauen!*« Gustav Mahler hat seine Worte in neun riesigen Sinfonien wahrgemacht. Der Orchesterapparat ist ins Überdimensionale gesteigert, gewaltige Chöre treten in der ZWEITEN und in der ACHTEN hinzu. Letztere trägt deshalb den Namen SINFONIE DER TAUSEND. Mahlers Werke haben einst die musikalische Welt leidenschaftlich bewegt.

In der ZWEITEN, die auch den Namen AUFERSTEHUNGSSINFONIE trägt, war Mahler – nach seinem eigenen Geständnis – sehr bald an den Punkt gekommen, wo er sich das „Wort“ als Träger seiner musikalischen Ideen heranziehen mußte. Wie in Beethovens NEUNTER krönt deshalb ein Chor den Schluß und gibt, zusammen mit Sopran- und Alt-Solo, das Programm des Werkes: *»O glaube: Du wardst nicht umsonst geboren! Hast nicht umsonst gelebt und gelitten!«*

*Mit durchaus ernstem und feierlichem Ausdruck (Allegro maestoso)* beginnt der *erste Satz*, der sich im Hauptthema wie im Aufbau Eigentümlichkeiten Bruckners zum Vorbild nimmt. Eine Fülle von Themen und Motiven wird hier kunstvoll ausgebreitet und miteinander verknüpft, wobei das sinfonische Grundschema nie völlig aufgegeben wird.

Mit einem schubertnahen Ländler-Thema beginnt der *zweite Satz (Andante con moto)*:

Ihm ist ein gis-Moll-Thema gegenübergestellt. Die Satzform ist klar überschaubar A-B-A-B-A.

Die merkwürdige, gespenstische Wirkung des *Scherzo*-Themas versuchte Mahler selbst folgendermaßen zu erklären: *»Es gibt denselben sinnlosen Eindruck wieder, den man von Tanzenden hat, denen man von ferne zusieht, ohne die Musik und ihren Rhythmus zu hören: so erscheint einem hier der ganze Daseinsreigen verworren und wahnsinnig wie in einem Hohlspiegel.«* Thematisch stützt sich der Satz auf ein Lied Mahlers: DIE FISCHPREDIGT DES HEILIGEN ANTONIUS.

Ohne Zäsur geht das Scherzo in den *vierten Satz* über. Hier stimmt plötzlich eine Altstimme die Worte aus DES KNABEN WUNDERHORN an: »*Der Mensch liegt in größter Not / Der Mensch liegt in größter Pein / Je lieber möcht ich im Himmel sein* . . .« Die sinfonische Form ist völlig gesprengt; der Gedankeninhalt ist das allein Entscheidende geworden. Pausenlos schließt, „wild herausfahrend", der *fünfte Satz* an. Ein Fernorchester gibt das Wort dem „Rufer in der Wüste". Dann ist die Stunde des Jüngsten Gerichtes gekommen.

Die wesentlichsten Themen erfahren eine grandiose Steigerung, bei der dem Zuhörer, nach Mahlers Worten, »*die Haare zu Berge stehen müssen. Der große Appell ertönt, die Gräber springen auf, und alle Kreatur ringt sich heulend und zähneklappernd von der Erde empor. Nun kommen sie alle in gewaltigem Zug: Bettler und Reiche, Volk und Könige, die ecclesia militans, die Päpste. Aber bei allen die gleiche Angst, denn vor Gott ist keiner gerecht. Dazwischen immer wieder, wie aus einer anderen Welt, vom Jenseits her der Große Appell.*

*Nun aber kommt – nichts von all dem Erwarteten, kein himmlisches Gericht, keine Begnadeten und Verdammten, kein Guter, kein Böser, kein Richter: alles, alles hat aufgehört zu sein. Und jetzt hebt, schlicht und leise wie aus weiter Ferne kommend, der Gesang an: ›Auferstehn, ja, auferstehn wirst du, mein Staub, nach kurzer Ruh! Unsterblich Leben wird, der dich rief, dir geben.‹*«

Mahler hat die Worte einer Ode Klopstocks entnommen und in seinem Sinne ergänzt: »*Sterben werd' ich, um zu leben!*« Mit höchster Kraft, wie es die Partitur fordert, besiegelt es der Chor:

> »*Auferstehn, ja, auferstehn wirst du,*
> *Mein Herz, in einem Nu!*
> *Was du geschlagen,*
> *zu Gott wird es dich tragen.*«

*Besetzung:* *4 Flöten 4 Oboen 6 Klarinetten Baß-Klarinette 4 Fagotte*
*10 Hörner 10 Trompeten 4 Posaunen Tuba*
*Pauken Schlagwerk (sieben Spieler)*
*2 Harfen Orgel*
*Streicher*
*Sopransolo Altsolo vierstimmiger gemischter Chor*

*Uraufführung: 4. März 1895 in Berlin unter Richard Strauss (1.–3. Satz)*

## ARTHUR HONEGGER

### *Symphonie liturgique*

Zusammen mit Darius Milhaud, Poulenc, Auric, Durey und Germaine Tailleferre bildete Arthur Honegger in den zwanziger Jahren die berühmte „Gruppe der Sechs", die sich mit den revolutionären Ideen Jean Cocteaus identifizierte. Honegger, in Le Havre geboren, jedoch Schweizer von Geblüt, wurde damals weniger durch sein großartiges Oratorium KÖNIG DAVID als durch sein Mouvement symphonique PACIFIC 231 berühmt, in dem er eine amerikanische Güterzuglokomotive schilderte, die „mit 120 Stundenkilometer durch die Nacht braust".

Aber immer klarer zeigte es sich, daß der vermeintliche Revolutionär nur ein Testamentsvollstrecker war, der das Erbe Mahlers, Regers und der französischen Impressionisten mit

alemannischer Dickschädligkeit verwaltete. Honegger errang seinen größten Erfolg mit dem szenischen Oratorium JOHANNA AUF DEM SCHEITERHAUFEN, nach einem Text von Claudel. Von seinen fünf Sinfonien sind die letzte DI TRE RE (die drei C spielen eine bedeutungsvolle Motivrolle) und vor allem die DRITTE bekanntgeworden. Honegger gab ihr selbst das Beiwort „liturgisch", um auf den religiösen Grundcharakter dieser Sinfonie hinzuweisen. Er hat auch, im Gespräch mit dem französischen Kritiker Gavoty, einen ausführlichen Kommentar zu diesem Werk gegeben: »*Ich wollte die Auflehnung des modernen Menschen gegen die Flut der Barbarei, der Dummheit, des Leidens, des Maschinismus, der Bürokratie symbolisieren, die uns seit einigen Jahren bestürmt ...*«
Die drei Sätze tragen Überschriften, die der liturgischen Totenmesse entlehnt werden. »*Im ›Dies irae‹ handelte es sich darum, das menschliche Entsetzen angesichts des göttlichen Zorns zu ›malen‹; die brutalen, ewigen Gefühle der rücksichtslos verfolgten Völkerstämme auszudrücken, die dem Spiel des blinden Zufalls ausgeliefert sind ...*«
Den *zweiten Satz* nannte Honegger »*die schmerzliche Besinnung des von Gott verlassenen Menschen, eine Besinnung, die schon ein Gebet ist ... An einer bestimmten Stelle skandieren die Kontrabässe, das Kontrafagott und das Klavier – die tiefsten, die dunkelsten Instrumente im Orchester – die Worte der Totenmesse: ‚De profundis clamavi ad te, Domine.'*«
Der *dritte Satz (Dona nobis pacem)* symbolisiert zunächst den »*Ausbruch der kollektiven Dummheit. Ich habe einen schwerlastenden Marsch erfunden, für den ich absichtlich ein idiotisches Thema geschmiedet habe.*
*Es ist der Marsch der Roboter gegen den zivilisierten Menschen, der einen Leib und eine Seele besitzt. Es sind die Menschenschlangen vor den Läden, es sind die nie enden wollenden, unwirksamen Formulare ... Dann kündigt sich*

*in den Reihen der Opfer ein Gefühl der Auflehnung an. Der Aufstand wird organisiert; er wächst. Plötzlich bricht, dreimal wiederholt, ein unendlicher Schrei aus den unterdrückten Herzen: Dona nobis pacem. Für die einen bedeutet dieser Friede die ewige Ruhe, das himmlische Glück. Für die anderen ist es das irdische Paradies des bescheidenen Glücks, nach dem alle Menschen streben: ›So könnte das Leben sein.‹*« Mit einer tröstlichen Weise, die nach Honeggers Worten den „Vogel des Friedens" symbolisiert, endet das Werk in hymnischem Glanz.

*Besetzung: 3 Flöten 2 Oboen Englisch-Horn 2 Klarinetten*
*Baßklarinette 2 Fagotte Kontrafagott*
*4 Hörner 3 Trompeten 3 Posaunen Tuba*
*Klavier Cymbal*
*Großes Schlagwerk*
*Streicher*

*Uraufführung: 17. August 1946 in Zürich unter Charles Münch*

## SERGE PROKOFIEW

### *Symphonie classique*

Prophetisch hatte Giuseppe Verdi in seinen letzten Lebensjahren erklärt: »*Kehren wir zurück zu den alten Meistern – das wird ein Fortschritt sein.*« Rund zwei Jahrzehnte nach

seinem Tode zeichnete sich in der Tat eine „Neue Klassizität“ ab: Die Spätromantik mit ihrer empfindungsreichen, bekenntnishaften Musik wird durch eine Rückkehr zur klassischen Klarheit und Reinheit überwunden.
Für den Geist dieser „Neuen Klassizität“, die später das Schaffen Igor Strawinskijs und vieler anderer kennzeichnen sollte, ist Serge Prokofiews KLASSISCHE SINFONIE ein beredtes Zeugnis. Der Komponist, der einst bei Rimskij-Korssakow studiert hatte, bekam eines Tages Lust, „ein ganzes sinfonisches Werk ohne Flügel zu komponieren“. Er meinte, dadurch müßten „die Farbtöne des Orchesters klarer und sauberer sein“. Prokofiew nahm die Sinfonien Joseph Haydns zum Vorbild, und er war überzeugt, *»daß Haydn, wenn er noch lebte, seine eigene Art der Komposition beibehalten und gleichzeitig etwas von dem Neuen übernommen hätte«*.
Eine solche Haydn-Sinfonie im neuen Stil wollte Prokofiew schreiben. Die SYMPHONIE CLASSIQUE ist ganz unkompliziert gehalten; durchsichtig wie die Themenstruktur ist auch die Instrumentation. Der *erste Satz* folgt der Sonatenform, der *zweite* (Larghetto) ist in der dreiteiligen Liedform gehalten. Eine heitere *Gavotte* steht für das obligate Menuett.
Hier wird die spielerische Ironie, die Prokofiew über das Ganze gebreitet hat, am meisten spürbar. Neuer Klang und alte Form verbinden sich hier auf das glücklichste. Das abschließende *Rondo-Finale*, dessen Themen meist aus einfachen Dreiklang-Zerlegungen gewonnen werden, beschwört die Erinnerung an die Welt Haydns noch einmal mit aller Liebe herauf.

*Besetzung: Zweifaches Holz*
*2 Hörner 2 Trompeten*
*Pauken*
*Streicher*

*Komponiert: 1917*

# IGOR STRAWINSKIJ

## *Symphonie en ut*

*»Die wahre Tradition ist nicht Zeuge einer abgeschlossenen Vergangenheit; sie ist eine lebendige Kraft, welche die Gegenwart anregt und belehrt ... Man knüpft an eine Tradition an, um etwas Neues zu machen.«* Strawinskij, der sich schon in den zwanziger Jahren dem Gedanken an eine „Neue Klassizität" verschrieb, hat in seiner 1940 entstandenen SINFONIE IN C (= EN UT) gewissermaßen seine eigene Überzeugung komponiert. Er fühlt sich nicht mehr als Revolutionär, sondern als Glied in der großen Kette. Er knüpft an Haydn an, um etwas Neues zu machen.

Der *erste Satz (Moderato alla breve)* entwickelt in mehrfachen Ansätzen das „klassische" Hauptthema.

Die Oboen tragen es vor: der Motivsprung h-c-g, mit dem das Thema beginnt und endet, kehrt im Verlauf des sonatenartig gebauten Satzes in verschiedenen Varianten mit lustiger Hartnäckigkeit immer wieder. Aus einem reinen, aufsteigenden Dreiklang wird das Seitenthema gebildet – wie bei Haydn.

*Larghetto concertante* ist der *zweite Satz* überschrieben, der dem sinfonischen Schema entsprechend in F-Dur steht. Die Themen werden, reich mit Trillern und Vorschlägen verziert, von den Streichern und Holzbläsern fast immer solistisch vor-

getragen. Das Larghetto geht unmittelbar über in den scherzoartigen *dritten Satz (G-Dur)*, der seinen spielerischen Reiz vor allem durch häufigen Taktwechsel erhält. –
Der *vierte Satz* bringt zunächst eine *Largo*-Einleitung. Dann folgt, wie im ersten, ein längerer Anlauf zum Hauptthema, das noch einmal auf den Motivsprung h-c-g zurückgreift. Dieser beherrscht schließlich auch den Schluß. Unter Verzicht auf jeden Publikumseffekt endet die Sinfonie im Piano. Sie verklingt wie eine Erinnerung an Joseph Haydn.

*Besetzung:* *Pikkolo-Flöte 2 Flöten 2 Oboen 2 Klarinetten 2 Fagotte*
*4 Hörner 2 Trompeten 3 Posaunen Tuba*
*Pauken*
*Streicher*

*Uraufführung: 7. November 1940 in Chicago unter Strawinskij*

## KARL AMADEUS HARTMANN

*Sechste Sinfonie*

Nur wenige Zeitgenossen glauben noch an die Gegenwärtigkeit der sinfonischen Form: der 1905 in München geborene Karl Amadeus Hartmann gehört zu ihnen. Der Schüler Hermann Scherchens und Anton von Weberns hat neben der Kammeroper

DES SIMPLIZIUS SIMPLIZISSIMUS JUGEND, zwei Streichquartetten und zwei Konzerten bisher sechs Sinfonien geschrieben. Sie behandeln die Form völlig frei – nicht nur in dieser Hinsicht setzt Hartmann etwa die Linie fort, die über Berlioz und Bruckner zu Mahler führte.

Die zweiteilige SECHSTE SINFONIE spiegelt die beiden entscheidenden Wesenszüge Hartmanns: ihr *Adagio* ist ein weitgespannter, expressiver Satz, ihr zweiter Teil – *Toccata variata* – greift auf konzertante Elemente zurück. Zwei extrem gegensätzliche Teile stehen sich hier – nur durch eine aus dem Sekundenintervall gebildete gemeinsame Themenzelle verbunden – schroff gegenüber.

Im riesenhaft aufgetürmten *Adagio* stauen sich die Energien, die in der *Toccata* mit elementarer Heftigkeit losbrechen, gebändigt allein von der strengen Form. Denn das Thema ist eine kunstvolle Fuge:

Es wird zweimal variiert – wiederum in Fugenform: Fuge I entspricht dem Thema, Fuge II dem ersten, Fuge III dem zweiten variierten Thema. Die erste Fuge wird von den Streichern (im weiteren Verlauf mit Schlagzeug, Klavier und Harfe) interpretiert. In der zweiten treten die Bläser hinzu, in der dritten wird der gesamte Apparat (allein zehn Spieler werden für das Schlagwerk benötigt) aufgeboten.

*Besetzung: Dreifaches Holz 4 Hörner 4 Trompeten 3 Posaunen Tuba*
*Pauke Schlagwerk*
*Harfe Celesta*
*Klavier*
*Mandoline*
*Streicher*

*Uraufführung: 24. April 1953 in München unter Eugen Jochum*

*Das Konzert. Kupferstich von Daniel Chodowiecki (1768)*

# Das Konzert

*Der Urgrund, auf dem sich die Form des Konzerts entwickelte, war nichts anderes als das begreifliche Verlangen eines meisterlichen Solisten, seine virtuosen Fähigkeiten im Wechselspiel mit dem Orchester zu beweisen.*

Michael Praetorius, der große Musiktheoretiker des Barocks, hat einmal das Wesen des Konzerts höchst einfach so charakterisiert: »*Concertare heißt nichts anderes als streiten, wer es unter ihnen zum besten machen könne.*« Man nahm seine Deutung jahrhundertelang als unbezweifelbar hin, zumal es bis in die Zeit Beethovens hinein üblich war, Meister der Instrumente wie im höfischen Turnier gegeneinander antreten zu lassen: Händel gegen Scarlatti, Bach gegen Marchand. Aber der *Formbegriff* war damit noch nicht geklärt. Deshalb neigt man heute dazu, einer anderen Deutung den Vorrang zu geben. Man leitet den Begriff des Konzerts nicht von dem lateinischen Wort *concertare* ab, sondern von *conserere* (part. perf. *consertum*). Dieses Wort bedeutet „zusammensetzen, zusammenfügen": Man setzte sich also zusammen und fügte sein Spiel in das Ganze.

Im klassischen Konzert *(Concerto)* steht das Spiel der Soli dem Tutti, dem ganzen Orchester, gegenüber, dem ursprünglich kaum mehr als die Rolle des Begleiters zugewiesen war. Die Tutti sind dementsprechend einfach gehalten: das virtuose Spiel des Solisten wird dadurch nur noch unterstrichen. Die Concerti waren ursprünglich den Suiten eng verwandt. Allmählich aber wurde die Sonatenform auch für das Konzert maßgebend. Die Dreisätzigkeit wurde als Norm übernommen und damit auch das Spannungsverhältnis der einzelnen Sätze:

*Mäßig schnell – Langsam – Schnell.*

Als besonderes Charakteristikum muß die sogenannte *Kadenz* genannt werden. Sie sollte dem Solisten Gelegenheit geben, frei über die Themen des Satzes zu phantasieren. In den schnellen Ecksätzen bricht das Orchester in der Regel auf dem Quartsext-Akkord ab und überläßt das Feld dem Solisten. Seine Phantasien münden fast immer in einen längeren Triller in der Dominant-Tonart, bis das Orchester mit einem kräftigen Tutti-Schlag wieder die Gemeinsamkeit des Musizierens herstellt. Erst die Wiener Klassiker erkannten, daß diese Form der Kadenz dem Solisten zuviel Freiheit zubilligte. Beethoven schrieb deshalb einige Kadenzen selbst, um die innere Einheit seiner Konzerte nicht durch allzu persönliche Zutaten des virtuosen Solisten zu gefährden.

# WOLFGANG AMADEUS MOZART

## *Klavierkonzert in C-Dur (KV 467)*

Das Klavier verdankt seinen jähen Siegeszug nicht zuletzt den neuen Klangmöglichkeiten, die es gegenüber dem Clavicembalo und dem Spinett bot. Es kam „in Mode“. Dementsprechend wurde es auch von den Komponisten bevorzugt. So schrieb Haydn neun, Mozart jedoch rund fünfundzwanzig Klavierkonzerte für den eigenen Gebrauch, mit denen sie auf den abendlichen Festen ihrer adeligen Auftraggeber brillieren konnten.

Von Haydns Klavierkonzerten hat sich keines gehalten, von Mozarts Werken konnten sich nur die Konzerte in ES-DUR (KV 271), in B-DUR (KV 456), in F-DUR (KV 459), in ES-DUR (KV 482), besonders aber das A-DUR-KONZERT aus dem Figaro-Jahr 1786 (KV 488), das sogenannte KRÖNUNGSKONZERT IN D-DUR (KV 537) – Mozart spielte es in Frankfurt anläßlich der Krönung Leopolds II. –, das höfisch-galante C-DUR-KONZERT (KV 467) und die beiden MOLL-KONZERTE IN C (KV 491) und D (KV 466) im allgemeinen Repertoire behaupten. Das C-DUR-KLAVIERKONZERT (KV 467) schrieb sich Mozart für ein Subskriptionskonzert selbst „auf den Leib“. Er trug dabei verständlicherweise den Publikumswünschen Rechnung, indem er im ersten Satz ein marschähnliches Thema entwickelte. Das gegensätzliche Seitenthema hat Mozart später in seiner g-Moll-Sinfonie noch einmal aufgegriffen. Im *Andante* herrscht die mozartische Melodie, im *Finale* der virtuose Zauber vor, die beide jedesmal auf eigene Art mit ihrem Silberklang die Welt des Rokoko heraufbeschwören.

*Uraufführung: März 1785 in Wien durch Mozart*

## *Klavierkonzert in d-Moll (KV 466)*

In diesem Konzert, das unmittelbar vor dem spielerischen Gelegenheitswerk in C entstand – als Datum der Komposition wird der 10. 2. 1785 genannt –, bricht Mozart bereits in der unruhigen, trotzigen Orchestereinleitung mit der Konvention. Hier bekennt sich der Meister nicht zu seiner Zeit, sondern zu sich selbst. Nur selten hat er so in sein Inneres blicken lassen wie in diesem Konzert. Eine verhaltene und doch glühende Leidenschaft wird hier spürbar, die bis in das Finale hinein vorherrscht. In der *Romanze des zweiten Satzes* wird zunächst ein „romantisches", liedartiges B-Dur-Thema angeschlagen.

Aber der rasch dahinstürmende Mittelteil ist wieder in Moll gehalten. Das Finale macht besonders deutlich, warum Beethoven gerade dieses Konzert, in dem er wesensverwandte Züge entdeckt haben mochte, so sehr schätzte. (Er hat auch zwei Kadenzen für dieses Werk geschrieben.) Erst gegen Ende weicht die düster-trotzige Stimmung einem versöhnlichen Ausklang in Dur.

*Uraufführung: Februar 1785 in Wien durch Mozart*

# LUDWIG VAN BEETHOVEN

## *Klavierkonzert in C-Dur*

Auch die fünf Klavierkonzerte Beethovens entwickelten sich vom virtuosen Gelegenheitswerk zur ganz persönlichen Aussage. Das C-DUR-KONZERT (op. 15), etwa zur gleichen Zeit wie die SONATE PATHÉTIQUE und die ERSTE SINFONIE entstanden (1796/97), lehnt sich noch eng an Haydn und Mozart an. Die virtuose Brillanz steht im Vordergrund. Und nur im *zweiten Satz* „läßt der Löwe seine Pranken ahnen“.

*Uraufführung: 2. April 1800 in Wien durch Beethoven*

## *Klavierkonzert in G-Dur*

In den beiden Konzerten B-DUR (op. 19) und C-MOLL (op. 37) prägte Beethoven seine Eigenart immer stärker aus. Mit seinem vierten Klavierkonzert in G-DUR (op. 58) hat er seinen Gipfel erreicht. Das virtuose Element hat sich den poetischen Gedanken unterzuordnen. Die Idee bestimmt die Form. Daß gegen die Gepflogenheiten das Klavier mit dem Hauptthema beginnt, den Dialog eröffnet, ist nur eine von vielen Eigentümlichkeiten, die diesem Konzert den Charakter des Besonderen geben.

Das ganze Konzert wirkt wie ein Gespräch. Immer wieder stellt das Klavier Fragen und Thesen auf und überläßt die Antwort, die Bestätigung, dem Orchester.
Im *langsamen Satz* beharrt das Orchester auf einem hart skandierenden Moll-Thema. Das Klavier versucht, die These durch eine lyrische, in sich ruhende Melodie zu widerlegen. Aber es kann gewissermaßen die Zweifel nicht beseitigen, sondern nur vermindern.
Das *Rondo* schließt sich unmittelbar an den zweiten Satz an: Ein heiteres, zum Teil marschähnliches Thema findet die

Zustimmung der „Gesprächspartner“: Sie einigen sich. Keine Zweifel, keine Fragen bleiben zurück.

*Uraufführung: 22. Dezember 1808 in Wien durch Beethoven*

## *Klavierkonzert in Es-Dur*

Formal gleicht das ES-DUR-KONZERT dem in G-DUR, das drei Jahre vorher beendet wurde. Wesensmäßig sind sie jedoch völlig verschieden. Die lyrische, poetische Verhaltenheit des G-DUR-KONZERTS ist einer kraftvollen Selbstäußerung gewichen. Majestätisch kommen die Es-Dur-Akkorde, kommt das Hauptthema daher:

Beethoven hat in diesem Werk das virtuose Element mit einer poetischen Grundidee in einzigartiger Weise verbunden. Es gibt keine Dialoge wie im G-DUR-KONZERT, es gibt dafür die verschiedene Beleuchtung der Grundgedanken.
Ein *Adagio* in H-Dur bildet den Gegensatz. Das Klavier stimmt den innigen Gesang an, der erst nach und nach vom Orchester übernommen wird. Die Variationen des Themas münden in das *Rondo*, dessen Motiv vom Soloinstrument erst ganz verhalten angekündigt wird, bis es plötzlich mit fast derber Fröhlichkeit aufklingt.
Der impulsive, tänzerische Rhythmus deutet bereits auf die SIEBENTE SINFONIE hin, an der Beethoven gedanklich schon gearbeitet haben mag. In kraftvollen Es-Dur-Akkorden endet das Werk, wie es begann.

*Uraufführung: 28. November 1811 in Leipzig. Solist: Friedrich Schneider. Dirigent: Th. Chr. Schulz*

# JOHANNES BRAHMS

## *Klavierkonzert Nr. 1 in d-Moll*

Man hat nicht zu Unrecht die beiden Klavier-Konzerte von Johannes Brahms als „Sinfonien mit obligatem Klavier" bezeichnet. Denn das konzertante Prinzip wurde hier durchweg zugunsten des sinfonischen aufgegeben. Wie schon in den letzten Beethoven-Konzerten – die Brahms häufig interpretierte –, so sind hier die Aufgaben zwischen dem Orchester und dem Solo-Instrument gleichmäßig verteilt. Gemeinsam bauen sie an einer sinfonischen Welt.

Ursprünglich hatte Brahms eine Sonate für Klavier zu vier Händen geplant. Dann, vom Erlebnis der NEUNTEN überwältigt, formte er aus dem Skizzenmaterial eine Sinfonie. Aber er fürchtete den Schatten Beethovens: Aus der Sinfonie wird sein erstes Klavierkonzert. Sein Freund, der Geiger und Dirigent Joachim, hatte entscheidenden Anteil an der endgültigen Fassung. An keinem anderen Werk hat Brahms so viel herumgefeilt wie an diesem, und kaum ein anderes wurde so verkannt. Die Leipziger Kritik nannte es *»ein Stück von wahrhaft trostloser Öde und Dürre. Die Gedanken schleichen entweder matt und siechenhaft dahin, oder sie bäumen sich in fieberkranker Aufgeregtheit in die Höhe, um desto erschöpfter zusammenzubrechen.«*

Gewohnt, in einem Klavierkonzert einen Virtuosen mit glänzenden Passagen brillieren zu sehen, mußte das Publikum enttäuscht, ja schockiert sein. Vom ersten, drohenden Paukenwirbel an erlebte es in diesem Werk eines Sechsundzwanzigjährigen ein schonungsloses Selbstbekenntnis. Das Hauptthema mit seinen gespenstischen Trillern, seinen Oktavsprüngen machte jede Aussicht auf ein verbindliches Konzert von vornherein zunichte:

*»Siegstas, dös is a Sinfonie-Thema!«* rief der sonst keineswegs für Brahms begeisterte Anton Bruckner aus, als er diese grandiose Einleitung zum ersten Male hörte. Das zweite Hauptthema hingegen ist ganz aus den Klangmöglichkeiten des Klaviers entwickelt:

Nach einer sinfonischen Verarbeitung des Materials gipfelt der Satz in einer kompromißlos harten Koda.
Das dreiteilige *Adagio*, in dem Brahms seiner Verehrung für Robert Schumann Ausdruck geben wollte, lockert die ernste Grundstimmung des Werkes nur wenig auf. Erst das *Rondo (Allegro non troppo)* bringt den Stimmungsumschwung. Es beginnt zwar mit einem fast schon ein wenig ungarisch anmutenden, synkopierten Moll-Thema:

Aber erst das zweite, in Dur gehaltene Thema – Klavier und Horn bringen es in einer fugierten Abwandlung – läßt keine Zweifel mehr aufkommen: Die trotzige Resignation des Anfangs muß einer frohen Zuversicht weichen. Nach einer virtuos angelegten Kadenz – Brahms war selbst ein außergewöhnlicher Pianist – strebt der Satz einem hellen, freudigen Dur-Ausklang entgegen.

*Uraufführung: 22. Januar 1859 in Hannover. Solist: Johannes Brahms*

## *Klavierkonzert Nr. 2 in B-Dur*

Erst zwanzig Jahre nach dem Mißerfolg seines D-MOLL-KONZERTES begann Brahms mit einem zweiten Klavierkonzert. Die Themen, der Grundplan, mochten sich auf seinen ausgedehnten Reisen, vor allem in Italien, herauskristallisiert haben. Schon die Wahl der Tonart B-Dur deutet darauf hin, daß Brahms dieses Werk als Gegensatz zum D-MOLL-KONZERT gestalten wollte. Das Herbe, Trotzige, Schicksalsmächtige ist hier einer idyllisch versonnenen, versponnenen Grundstimmung gewichen, die bereits in den ersten Takten von den Hörnern und dem Soloinstrument geschaffen wird:

Vergleiche mit Beethovens G-DUR-KONZERT drängen sich auf; auch hier gibt es über weite Strecken einen Dialog zwischen dem Orchester und dem Solisten, ein Fragen und Antworten.
Gegen die Regel folgt ein *Allegro appassionato*. Brahms hatte sehr wohl gespürt, daß er mit diesem scharf dreinfahrenden, leidenschaftlichen Satz die Gefahr einer gewissen Eintönigkeit bannen mußte. Das *Allegro* entspricht in dieser Klavier-„Sinfonie“ dem vorgezogenen *Scherzo*, das in freier Sonatenform abgewickelt wird.
Die Themen des *Andante* haben alle etwas Liedhaftes. So ist das Hauptthema, das die Celli anstimmen, eine unverkennbare Abwandlung des Brahms-Liedes „Immer leiser wird mein Schlummer“, während die Fis-Dur-Melodie der Klarinette eine Weise aus dem Lied „Todessehnen“ zitiert.
Im abschließenden *Rondo-Finale (Allegro grazioso)* trägt das Klavier das ungarisch gefärbte Hauptthema vor. Der Satz wirft keine Fragen, keine Probleme auf, er verzichtet

auch auf vehemente Steigerungen – Trompeten und Pauken sind nur mehr Statisten – und gibt dem Ganzen jene Ausgewogenheit klassischer und romantischer Empfindungen, die für Brahms charakteristisch ist.

*Uraufführung: 9. November 1881 in Budapest. Solist: Johannes Brahms*

## ROBERT SCHUMANN

### *Klavierkonzert in a-Moll*

Wenn von den zahlreichen Werken Robert Schumanns nur das Klavierkonzert übriggeblieben wäre, wenn es das einzige wäre, was einen allgemeinen Untergang auf wunderbare Weise überdauerte, so wüßte die Nachwelt doch allein durch dieses Konzert, was musikalische Romantik war und ist.
Schumanns Eigenart beruhte nicht zuletzt darauf, daß er die überlieferten Formen zerbrach, aber dennoch keine Willkür duldete. Er überließ sich seinen Stimmungen, aber er ließ sich nicht treiben. Er phantasierte frei und dennoch gebunden an formale Gesetze, die er sich selbst mit jedem Werk von neuem schuf.
Sein A-MOLL-KONZERT, in Leipzig begonnen, in Dresden beendet, gilt vielen als „das Konzert aller Konzerte" schlechthin. Das Klavier ist hier der Hauptträger poetischer Gedanken. Schumann hat ihm ganz neue Klangmöglichkeiten abgelauscht, in denen sich, entwicklungsgeschichtlich gesehen, bereits der Impressionismus Debussys und Ravels ankündigt. Er hat den vielfältigen Klavier- mit dem Orchesterklang zu verschmelzen gewußt; besonders Brahms hat später auf dieser Grundlage seines verehrten Freundes weitergebaut. Aber dennoch bleibt dem Klavier die dominierende Rolle über

weite Strecken vorbehalten. Es schlägt die ersten Akkorde an, ehe das Orchester das Hauptthema aufwirft:

Es enthält die Grundgedanken aller drei Konzertsätze. Die „Figuren“ dieses Stimmungsbildes kehren zum Teil immer wieder.

Im *Andante grazioso* beherrscht ein reizvoller Dialog zwischen dem Solo-Instrument und den Streichern zunächst die Szene:

Aber inmitten des spielerischen Satzes blüht plötzlich eine Melodie auf, die wie die Weise der TRÄUMEREI für immer im Gedächtnis haftet:

Im *Finale*, dessen Hauptthema aus dem Material des ersten Satzes gewonnen wurde, dominiert der Rhythmus: ein Scherzo, schwungvoll und ursprünglich, in dem der Solist brillieren kann.

Clara Schumann, geborene Wieck, wird mit Ratschlägen nicht gespart haben; für sie, die zu den größten Pianistinnen ihrer Zeit zählte, ist das A-MOLL-KONZERT letztlich komponiert.

*Uraufführung: 1. Januar 1846 in Leipzig. Solistin: Clara Schumann-Wieck*

# FRÉDÉRIC CHOPIN

*Klavierkonzert Nr. 2 in f-Moll*

Zum eigenen Gebrauch schrieb der zwanzigjährige Chopin zwei Klavierkonzerte. Sie sind beide in ihrer formalen Struktur sehr eigenwillig geformt. Es kam Chopin offensichtlich nur darauf an, dem Warschauer Publikum seine hervorragenden virtuosen Künste zu zeigen. Das Orchester ist sehr lieblos und gelegentlich sogar simpel behandelt; es gibt kaum mehr als eine Folie ab, vor der sich der Virtuose um so wirkungsvoller abhebt. Sowohl das KONZERT IN E-MOLL (das die Nummer EINS trägt, obwohl es *nach* dem F-MOLL-KONZERT komponiert wurde) wie das ZWEITE ähneln sich stark. Beide beginnen mit einem *Allegro maestoso*, beide entfalten in einem *Larghetto* den ganzen Zauber Chopins, beide enden mit einem effektvollen *Rondo-Finale*, das im F-MOLL-KONZERT dem Walzer huldigt. Der Walzer hatte seit dem Wiener Kongreß ganz Europa erobert: Sein mitreißender Schwung kam den Absichten der Klaviervirtuosen besonders entgegen. Auch Franz Liszt, Chopins Mentor, hat dem Walzer gehuldigt – wie fast alle Komponisten jener Zeit.

*Uraufführung: 17. März 1830 in Warschau. Solist: Frédéric Chopin*

# PETER TSCHAIKOWSKIJ

## *Klavierkonzert Nr. 1 in b-Moll*

Von den drei Klavierkonzerten Tschaikowskijs hat sich nur das erste im Repertoire erhalten: ein virtuoses Paradestück, das seinesgleichen sucht. Dieses Werk besitzt noch eine musikantische Ursprünglichkeit und Frische, wie sie der mit sich und der Welt immer mehr zerfallende Peter Iljitsch Tschaikowskij von Jahr zu Jahr in zunehmendem Maße verlor. Es ist frei von jedweder Sentimentalität, von falschem Pathos, und wenn es sich auch in seinen rauschenden Akkordpassagen ein wenig wie „Liszt" gebärdet, so trägt es doch so manchen charakteristischen Zug Tschaikowskijs, vor allem im Miteinander von russischem Volkslied und „westlichen" Impressionen.

Der *erste Satz (Andante non troppo e molto maestoso)* beginnt mit einem Fortissimo-Motiv des Orchesters, das auf das

*Das Chopin-Zimmer in Krakau*

Hauptthema hinweist und das der Solist bereits nach wenigen Takten mit kraftvollen Akkordpassagen begleitet. Das *Hauptthema (Allegro con spirito)* soll einem ukrainischen Liedchen nachgebildet sein, das Tschaikowskij zum ersten Male auf dem Jahrmarkt von Kamenka von blinden Bettlern hörte:

Der Satz, dessen improvisatorischer Charakter unverkennbar ist, bezeugt mehr Phantasie als Formempfinden. Bezeichnend hierfür ist die zweifache Kadenz.
Im *Andante semplice* benutzt Tschaikowskij nach französischer Salonmanier eine Berceuse, ein Wiegenlied. Den Kontrast bildet ein Chanson „Il faut s'amuser, danser et rire" (Laßt uns fröhlich sein, tanzen und lachen). Das *Finale (Allegro con fuoco)* wird von kraftvollen Rhythmen und virtuosen Passagen beherrscht; das russische Element steht dabei im Vordergrund. Das rhythmisch recht eigenwillige Hauptthema, das rondoartig behandelt wird, prägt sich sofort ein: es gehört zu Tschaikowskijs bekanntesten Einfällen.
In den beiden später komponierten Klavierkonzerten hat Peter Tschaikowskij den großen Wurf des ERSTEN nicht wiederholen können. Das ZWEITE (G-DUR) wird gelegentlich aufgeführt: Es nimmt sich ein wenig Beethovens TRIPELKONZERT zum Vorbild. Das DRITTE KLAVIERKONZERT (ES-DUR), drei Wochen vor seinem Tod als letztes großes Werk vollendet, hat der Komponist nie gehört.

*Uraufführung: 25. Oktober 1875 in Boston, USA. Solist: Hans v. Bülow*

# EDVARD GRIEG

## *Klavierkonzert in a-Moll*

Edvard Grieg, der Norweger, hatte in Leipzig entscheidende Anregungen für sein Schaffen gewonnen. Er nahm vieles von den deutschen Romantikern in sich auf und verschmolz es mit der norwegischen Volksmusik. Hans von Bülow nannte Grieg bewundernd den „Chopin des Nordens".

Aus dem fallenden a-Moll-Akkord wird das kraftvolle Einleitungsthema gewonnen.

Orchester und Solist wandeln es ab, bis eine hübsche Klavierarabeske zum lyrischen Seitenthema (C-Dur) hinüberleitet. Die Durchführung ist kurz, die Kadenz um so größer.

Hört man das *Adagio*-Thema (Des-Dur), so kann man fast verstehen, daß Tschaikowskij eines seiner Werke an den norwegischen Komponisten mit den – deutsch formulierten – Worten: »*Ich liebe Grieg, ich schätze Grieg!*« übersandte. Die teilweise sehr eigenwilligen, stimmungsträchtigen, harmonischen Wendungen gemahnen oft ein wenig an die Welt Wagners. Im *Allegro molto marcato* dominieren Themen der norwegischen Volksmusik. Die Form ist aus Sonate und Rondo entwickelt. Ein zartes Kontrastthema ersetzt die Durchführung. Die *Koda* beginnt *quasi presto*, endet jedoch in breitem Andante, das die Wirkung des A-Dur noch unterstreicht.

*Uraufführung: 3. April 1869 in Christiania. Solist: Edmund Neupert*

# SERGE RACHMANINOW

## *Klavierkonzert Nr. 2 in c-Moll*

Serge Wassiljewitsch Rachmaninow gehört zu jenen Komponisten, deren Ruf und Ruhm darunter litten, daß sie nicht in jener Zeit wirkten, der sie innerlich verhaftet waren. Hätte Rachmaninow drei oder vier Jahrzehnte früher gelebt, so wäre er wohl als einer der Großen der russischen Musik gefeiert worden. So aber, gleichsam hineingeboren in das zwanzigste Jahrhundert – er war siebenundzwanzig Jahre alt, als es begann –, mußte er als Epigone Tschaikowskijs wirken. Weit mehr als dieser war er innerlich jenen russischen Kreisen zugehörig, die in den französischen Salons ihre Empfindungs- und Ausdruckswelt fanden. Das Volksliedhafte trat bei ihm jedoch – im Gegensatz zu Tschaikowskij – in den Hintergrund. Es war nicht die russische Volksseele, sondern der Geist des romanischen Slawen Chopin, den er in seinen Werken noch einmal beschwor. Mit Chopin teilte er die Liebe zu schwermutvollen Moll-Klängen (die Mehrzahl der Werke Rachmaninows steht in Moll), mit Liszt und Tschaikowskij jedoch die Freude am rauschhaften Klang, an brillanten Passagen. Rachmaninow, der viele Jahre seines Lebens in Deutschland zubrachte und zu seiner Zeit als Virtuose berühmter war denn als Komponist, hat sein C-MOLL-KONZERT in der ganzen Welt interpretiert. Es ist nach klassischen Form-Vorbildern gearbeitet und übernimmt von Tschaikowskij manche instrumentale Eigenheit und Klangkombinationen. Es bietet keine „Probleme", sondern nur Aufgaben: Aufgaben für einen virtuosen Solisten, einen „Klavier-Löwen" – wie Rachmaninow selbst einer war.

*Uraufführung: 1901 in Wien. Solist: Serge Rachmaninow*

## MAURICE RAVEL

### *Klavierkonzert in G-Dur*

*»Ich bin der Ansicht, daß die Musik eines Konzerts fröhlich und brillant sein kann und daß es nicht notwendig ist, nach Tiefe und nach dramatischer Wirkung zu streben.«* Diesen Ausspruch hat Ravel in seinem KLAVIERKONZERT IN G-DUR bestätigt. Es ist ein konzertantes Werk im Sinne Mozarts, leicht, spielerisch unbeschwert, fern von jeder gedanklichen Spekulation. Das einzige „Programm" lautet: Musik zu machen.

Ravel verwendete für die beiden Ecksätze Skizzen, die er für eine baskische Rhapsodie entworfen hatte (Ravels Mutter war Baskin). Und so beginnt der *erste Satz (Allegramente)* mit einer witzigen Tanzmelodie, die ein Spielmann auf der Pikkoloflöte anstimmt. Das Klavier wird ganz verschieden eingesetzt: als Melodieträger, als rhythmisches „Schlaginstrument", als Arabeske. Die raffinierte Instrumentation greift bewußt auf Jazz-Elemente (u. a. Posaunen-Glissando) zurück. Die Sonatenform ist frei behandelt.

Das *Adagio assai* beginnt mit einem breit ausgesponnenen Monolog des Klaviers: Ravel hat das Thema dem Klarinetten-Quintett Mozarts nachgebildet. Durch eine rhythmische Eigentümlichkeit (die Melodie erscheint im Dreiviertel-, die Begleitung im Dreiachteltakt) erhält es etwas Unwirkliches, Entrücktes, Versonnenes. Die Flöte nimmt es ab, und nach einer kurzen Zwischenepisode bringt eine Solo-Oboe die Melodie, die das Klavier mit kleinen, glitzernden Akkordfiguren begleitet.

Ein brillantes *Finale* ruft die Grundstimmung des ersten Satzes zurück. Eine persiflierte Jagd, ein groteskes Spiel mit Fanfaren und den Rhythmen eines Galopps. Der Satz besitzt ebensoviel Witz wie Esprit. Er endet nach einer großen Steigerung mit dem scharf akzentuierten Kopfmotiv, hinter das die Pauke den Schlußpunkt setzt.

Das KONZERT IN G entstand gleichzeitig mit dem KONZERT IN D für die linke Hand allein: Ravel schrieb es für einen Wiener Pianisten, der im Weltkrieg den rechten Arm verloren hatte. Aber trotz ihrer gleichzeitigen Entstehung sind beide Werke dem Wesen nach völlig verschieden.

Dem spielerischen, leichten, unbeschwerten G-DUR-KONZERT steht die bis in den Bereich der Tragik vordringende, nur wenig aufgehellte Welt des D-DUR-KONZERTES gegenüber, das Ravels letztes großes Orchesterwerk werden sollte.

*Uraufführung: 14. Januar 1932 in Paris. Solistin: Marguerite Long. Dirigent: Maurice Ravel*

# BÉLA BARTÓK

## *Drittes Klavierkonzert*

Béla Bartók, der zu den großen Meistern der modernen Musik gezählt werden muß, schrieb sein DRITTES KLAVIERKONZERT in seinem Todesjahr 1945. Von den leidenschaftlichen Ausbrüchen, den gewaltigen espressiven Steigerungen, die die voraufgegangenen Konzerte (NR. I wurde 1926, NR. II 1930 komponiert) kennzeichneten, ist hier nichts mehr zu spüren. Hier gibt es keine Probleme mehr. Hier ist „besonnte Vergangenheit", ist Stille nach allen Stürmen.

Der 64jährige Bartók schuf das Werk während eines Sommeraufenthalts in den Green Mountains, nahe der kanadischen Grenze. Vogelruf-Motive, pastorale Empfindungen, weitgespannte, breit ausschwingende und dennoch glasklare Themen beherrschen die drei Sätze, die in klassischer Manier geformt wurden. Ein paarmal bricht Bartóks alte Freude am Rhythmus, am Synkopenschlag wieder auf. Aber das Schlagwerk, das im ERSTEN KONZERT eine entscheidende Rolle spielte, hat nicht mehr allzu viel zu sagen, und das Solo-Instrument kehrt mehr als einmal zu Liszt, zu Brahms, ja zu Schumann zurück. Kernstück des Ganzen ist ein *Andante religioso*, dessen Thematik an alte Kirchentonarten gemahnt. Es ist von einer bezwingenden Innerlichkeit und Schlichtheit.

Die Instrumentation des Konzerts wurde sofort nach der Rückkehr Bartóks nach New York begonnen. Dort hatte er, ein freiwilliger Emigrant Europas, seit 1940 eine neue Heimat gefunden. Bartók war längst ein Gezeichneter. Im Westside-Hospital geht die Arbeit fieberhaft weiter. Seine Gattin, sein Sohn und sein Lieblingsschüler Tibor Serly zeichnen die Taktstriche vor, reichen dem Todkranken Bogen um Bogen. Noch siebzehn Schlußtakte wären zu instrumentieren gewesen, als Bartók am 26. September 1945 die Notenfeder für immer aus der Hand legt. Er, der mit seiner unverbildeten, ursprünglichen, ja elementar empfundenen Tonsprache der Neuen Musik so viele lebenerhaltende rote Blutkörperchen zugeführt hat, starb an unheilbarer Leukämie.

*Uraufführung: 29. Februar 1948 in Paris. Solistin: Valérie Soudère*

## JOHANN SEBASTIAN BACH

### *Die Violinkonzerte in a-Moll und E-Dur*

Im Vergleich zum Klavier fand die Violine als leicht transportables Instrument, dessen kleinste Ausgabe *(Pochette)* der Tanzmeister sogar in der Tasche mit sich trug, begreiflicherweise eine weit größere Verbreitung. Sie brach die Vorherrschaft der Blas-Instrumente, die bis ins sechzehnte Jahrhundert gedauert hatte.

Einer der ersten großen Meister der Violine war Arcangelo Corelli (1653–1713), der sich Konzerte „auf den Leib schrieb“ und überdies zu jenen gehörte, die die Instrumentalmusik endgültig von ihrer nur begleitenden Funktion erlösten. Man kannte zwar um die Mitte des sechzehnten Jahrhunderts kleine selbständige Lautenstücke, aber keine reine Orchestermusik. Sie wurde wahrscheinlich von Andrea Gabrieli (gest. 1586 in Venedig) eingeführt, der auch die Urform der Fuge erfunden haben soll.
Die dominierende Rolle der Violine entspricht der Vorherrschaft des Soprans über die anderen Stimmen. Wohl gibt es für Viola, Violoncello und sogar für Kontrabaß virtuose Konzerte. Aber nur das Violoncello hat sich neben der Violine zu behaupten vermocht.
Die verschiedenen Konzerte für Blas-Instrumente (Flöte, Oboe, Klarinette und Fagott) führen ebenso wie die Horn-, Trompeten- und Harfen-Konzerte ein Außenseiter-Dasein. Die Vorrangstellung von Violine und Klavier (dem typischen Virtuosen-Instrument) ist und bleibt unbestritten.

Im Nachlaß von Carl Philipp Emanuel Bach fanden sich zwei Violinkonzerte seines Vaters, des Thomaskantors: eines in A-MOLL und ein zweites in E-DUR. Aus Notizen und Bearbeitungen wissen wir, daß Johann Sebastian Bach mindestens vier Violinkonzerte komponierte.
Johann Forkel, einer der ersten Bach-Biographen, bemerkt zu diesen Konzerten: *»Man kann von ihrer Schönheit nie genug sagen.«*
Formal ähneln sich beide Werke sehr stark, nur ihr Charakter ist, entsprechend der Tonart, verschieden. Albert Schweitzer schreibt: *»Das a-Moll-Konzert ist groß in seiner mehr herben Schönheit, das in E-Dur durch die unbesiegbare Lebensfreudigkeit, die in seinem ersten und letzten Satz ihr Triumphlied anstimmt.«*

*Das Wohnzimmer Johann Sebastian Bachs*

Das A-MOLL-KONZERT läßt die großen italienischen Vorbilder, an denen sich Bach orientierte, klar erkennen, obwohl er auch hier, wie in den BRANDENBURGISCHEN KONZERTEN, aus dem Concerto etwas Neues, Eigenes schuf. Soli und Tutti sind nicht schematisch gegeneinander abgesetzt, sondern streben nach einer Einheit, einer inneren, organischen Verbindung.

Typisch für Bach ist der *zweite Satz*, in dem das Solo-Instrument über einer ostinaten Figur der Bässe eine langsame, innige Melodie ausspinnt. Der *Schlußsatz* ist eine heitere Gigue (Tanz im $^6/_8$-Takt).

Beide Violinkonzerte dürfte J. S. Bach zum eigenen Gebrauch geschrieben haben, denn er war ja, vor allem in seiner Jugend, ein tüchtiger Geiger, der in der Kapelle des Herzogs Ernst von Weimar Dienst tat, ehe er sich ganz dem Kantorat verschrieb.

# WOLFGANG AMADEUS MOZART

## *Violinkonzert in A-Dur (KV 219)*

In einem einzigen Jahr – 1775 – schrieb Mozart in Salzburg seine fünf Violinkonzerte. (Ein weiteres – KV 227a – ist im Original verschollen, ein anderes – KV 268 – wahrscheinlich nicht von ihm.) Nur die beiden unmittelbar hintereinander entstandenen Konzerte in D-DUR (KV 218) und A-DUR (KV 219) hielten sich im Repertoire, wobei das letztgenannte Konzert alle anderen überstrahlt.

Nach dem Vorbild Vivaldis wird die Sonatenform des *ersten Satzes* in vier Tutti und drei dazwischenliegende Partien des Soloinstrumentes aufgeteilt. Mozart, von seinem Vater schon früh auch im Spiel der Violine unterwiesen, kannte die Wirkungsmöglichkeiten dieses Instrumentes sehr genau. Von ihnen machte er vor allem in den langsamen *Mittelsätzen* Gebrauch, in denen er, wie er selbst einmal sagte, größten Wert auf den „singbaren Geschmack", auf die Kantabilität, legte.

Das *Finale* des A-DUR-KONZERTS beweist, daß Mozart auch mit seinen Violinkonzerten dem musikliebenden Publikum zu entsprechen versuchte. Seit die Türken einst bis nach Wien gelangt waren, hatte sich eine Vorliebe für ihre Welt erhalten. Die „Türkenoper" von der ENTFÜHRUNG AUS DEM SERAIL trug dem Zeitgeschmack ebenso Rechnung wie das *Allegro alla turca* des Finales mit seinen eigenartigen orientalischen Rhythmen.

Bei welcher Gelegenheit diese Konzerte zum ersten Male erklangen, ob Mozart selbst oder der Konzertmeister Brunetti sie interpretierte – wir wissen es nicht. Wir wissen nur, daß sie in Salzburg entstanden sind und daß sie ein Zwanzigjähriger schuf.

# LUDWIG VAN BEETHOVEN

## *Violinkonzert in D-Dur*

Nach seiner VIERTEN SINFONIE IN B-DUR vollendete Beethoven sein großangelegtes VIOLINKONZERT IN D-DUR, in dem das Soloinstrument weniger brillieren als singen muß. Die meisten seiner Themen gehören zu den „beredten Melodien", die wie Worte wirken:

In seinen Dimensionen wie seiner formalen Anlage hat dieses Konzert durchaus sinfonischen Charakter. Hier werden ebenfalls Gedanken ausgesprochen, zur Diskussion gestellt und immer wieder von einer anderen Seite beleuchtet (Transponierung in eine Moll-Tonart). Das entscheidende Wort spricht dabei zumeist das Orchester.

Im *zweiten Satz (Larghetto)* herrscht eine friedvolle, innige Stimmung vor. Die Violine kann sich hier aussingen. Eine Kadenz leitet zum *Schlußsatz* über, der von einem heiteren,

fast tänzerisch wirkenden $^6/_8$-Thema beherrscht wird. Die Rondoform wird frei behandelt, die Eigenart des „Rundgesanges" durch ständigen Wechsel zwischen Solo und Orchester unterstrichen. In einem heiteren Wirbel klingt das problemlose Werk, das ursprünglich wohl als Gelegenheitskomposition gedacht gewesen sein mag, schwungvoll aus.

Daß Beethoven dieses Violinkonzert auf Betreiben des Pianisten Muzio Clementi unmittelbar nach der keineswegs erfolgreichen Uraufführung in ein Klavierkonzert umgearbeitet hat, sei nur als Kuriosum vermerkt.

*Uraufführung: 23. Dezember 1806 in Wien. Solist: Franz Clement*

## FELIX MENDELSSOHN-BARTHOLDY

### *Violinkonzert in e-Moll*

Mendelssohn hatte sein einziges Violinkonzert für den Konzertmeister des Leipziger Gewandhaus-Orchesters, Ferdinand David, bestimmt. David hatte den Solopart entscheidend mit beeinflußt, denn Mendelssohn legte großen Wert auf seinen Rat. Das Werk gibt keine Probleme, keine Rätsel auf. Es ist für einen Virtuosen gedacht, der mit Sechzehntelläufen, wirkungsvollen Doppelgriffen und einer großen Kadenz vor allem sein technisches Können beweisen wollte.

Der *erste Satz* verzichtet auf eine Orchester-Einleitung. Die Solo-Violine trägt das Hauptthema *(Allegro molto appassionato)* ohne Umschweife vor:

Der leidenschaftliche Schwung dieses thematischen Gedankens, der noch durch ein fließendes Seitenthema verstärkt wird, mündet in das zweite Thema, eine romantische Kantilene:

In strenger Sonatenform folgt die Durchführung, dann die Kadenz. In der Reprise kehren noch einmal alle Gedanken wieder. Der Satz geht pausenlos in das *Andante* über: ein ausgehaltenes tiefes H des Fagotts bildet die Brücke. Der *zweite Satz* ist ein typisches *Lied ohne Worte*, eine Romanze im Stil der Zeit. Wieder gehen die Sätze ineinander über, und ein wirbelndes *Rondo-Finale* (mit Sonateneinschlag) bildet den Ausklang. Sein zweites Thema erinnert sehr an die Musik zum SOMMERNACHTSTRAUM:

Das Konzert klingt aus in einem effektvollen Schluß, der auch heute kaum etwas von seiner Wirkung verloren hat.

*Uraufführung: Frühherbst 1844 in Leipzig. Solist: Ferdinand David. Dirigent: (vermutlich) Mendelssohn-Bartholdy*

# JOHANNES BRAHMS

## *Violinkonzert in D-Dur*

Als Pablo de Sarasate, der berühmte Geigenvirtuose, das Violinkonzert von Brahms zum ersten Male hörte, protestierte er entschieden gegen diese „Sinfonie mit obligater Violine". Er lehne es ab, mit der Geige in der Hand dazustehen und zu warten, bis im Adagio die Oboe die einzige Melodie des Stückes vortrage. Der Virtuose Sarasate war verärgert, daß aus diesem Violinkonzert jeder virtuose Effekt ausgemerzt war. Hier gab es keine Stellen, an denen man brillieren konnte: Hier mußte man die gleiche schwerblütige, verträumte, spröde Sprache sprechen, in der Brahms zu seiner Umwelt sprach.
Vom Violinspiel hatte Brahms nicht allzu viel Ahnung. Er bat deshalb seinen Freund, den Geiger Joseph Joachim, immer wieder um kompositorische Ratschläge, aber – er ignorierte sie zumeist.
Intuitiv zwang Brahms die Geiger seiner Zeit zu einer neuen Spielmanier, zu neuartigen Doppelgriffen und Klangeffekten. Die technischen Probleme, die er dem Spieler stellt, sind teilweise außerordentlich groß. Aber ihre Bewältigung wird niemals um der bloßen Virtuosität willen gefordert.
In unmittelbarer Nachbarschaft mit der heiteren, gelösten ZWEITEN SINFONIE – in Pörtschach am Wörther See vollendet – herrscht auch im Violinkonzert eine ruhige, fast idyllische Grundstimmung vor. Gleich zu Beginn des *ersten Satzes (Allegro non troppo)* wird aus dem fast ungebrochenen D-Dur-Dreiklang das romantische Hauptthema gewonnen:

Es wird zunächst vom Orchester vorgetragen, das auch das übrige Themenmaterial ausbreitet. Eigenartigerweise sind die meisten Gedanken nicht in Dur, sondern in Moll gehalten. Auch der Einsatz der Violine erfolgt mit einem Moll-Thema, das in seiner trotzigen Synkopierung den Gegensatz zu dem fließenden Hauptthema in Dur bildet. Ein kurzer, aber einprägsamer Nebengedanke gewinnt immer mehr an Gewicht.

Im *Adagio* behält die Oboe, die schon im ersten Satz solistisch hervortrat, ihre besondere Stellung. Sie stimmt das innige Hauptthema an:

Es beherrscht in dem dreiteilig gebauten, liedhaften Satz das konzertante Geschehen.

Beginnen die beiden *ersten Sätze* jeweils mit einer Orchestereinleitung, die das böse Wort von der „Sinfonie für obligate Violine“ keineswegs Lügen straft, so stimmt im *letzten Satz* die Solo-Violine das elektrisierende *Rondo-Thema (Allegro giocoso ma non troppo vivace)* an, das Brahms' Liebe zu Ungarn erneut bestätigt.

Es wird dann vom vollen Orchester aufgenommen und weitergesponnen. Der Violinpart ist freier, virtuoser, ohne daß er in Sarasates Sinne brillant genannt werden kann. Technisch werden hier an den Solisten die höchsten Anforderungen gestellt, die nur ganz wenige Große voll erfüllen.

Brahms schrieb halsbrecherische Kantilenen in den höchsten Lagen, er spickte das Stück mit schwierigsten Doppelgriffen und Passagen – und dennoch gibt es keine Note nur um des Effektes willen. Einer der großen Geiger unserer Zeit, Yehudi Menuhin, hat das Violinkonzert von Brahms das „schönste von allen“ genannt.

*Uraufführung: 1. Januar 1879 in Leipzig. Solist: Joseph Joachim. Dirigent: Johannes Brahms*

# PETER TSCHAIKOWSKIJ

## *Violinkonzert in D-Dur*

Als Peter Tschaikowskij die Kritiken der Wiener Uraufführung seines Violinkonzertes las, schmerzte ihn am allermeisten die Beurteilung des Werkes durch Eduard Hanslick, den berühmt-berüchtigten Gegner Wagners und Bruckners. Denn dieses Urbild des „Beckmessers" aus Wagners MEISTERSINGERN hatte rundheraus erklärt: »*Tschaikowskijs Violinkonzert bringt uns zum ersten Male auf die schauerliche Idee, ob es nicht Musikstücke geben könnte, die man stinken hört.*« – Auch dieses krasse Fehlurteil ist längst widerlegt. Heute gilt Tschaikowskijs Violinkonzert als klassischer Beitrag Rußlands zur Konzertliteratur.

Zweifellos hat sich der Komponist formal das Beethoven-Konzert zum Vorbild genommen, ohne die Eigenart seiner Ausdrucksweise aufzugeben. Das Hauptthema

wird vom Orchester wie vom Soloinstrument mehrfach variiert; es drückt das Kontrastthema immer wieder an die Seite. Im *zweiten Satz* wird die sinfonische Verflechtung von Solo und Orchester aufgegeben. Ein fast sentimentales Lied *(Canzonetta)* wird von der Geige gesungen, während sich die Tutti meist mit der bloßen Begleitung begnügen. Das *Finale (Allegro vivacissimo)* galt zunächst als unspielbar. Es wird von zwei Hauptthemen bestimmt, die ausgesprochen „russisch" wirken, obwohl sie keineswegs der Folklore entlehnt sind. Tschaikowskij variiert sie immer wieder in kunstvoller Weise bis zum brillanten Schluß.

*Uraufführung: 4. Dezember 1881 in Wien. Solist: Adolf Brodsky. Dirigent: Hans Richter*

## BÉLA BARTÓK

### *Konzert für Violine und Orchester*

Die Elemente der ungarischen Volksmusik, die Bartók auf langen Wanderungen in die entlegensten Winkel seiner Heimat immer wieder aufspürte, sind in seinem einzigen Violinkonzert mit den Prinzipien des klassischen Konzerts verschmolzen. Das Werk wirkt jedoch wie eine „Ungarische Rhapsodie": so frei, so ungehemmt strömt der Fluß der Melodien im klassischen Schema einher.

Der *erste Satz (Allegro non troppo)* ist ein Sonatensatz mit zwei Themen, Durchführung, verkürzter Reprise und Koda. Nach einigen Harfenakkorden bringt das Soloinstrument sofort das durch Quart- und Quintsprünge geprägte Thema:

Aus ihm wird auch der thematische Gehalt der übrigen Sätze gewonnen. Ein kurzes Fugato leitet zum zweiten Thema über, das, in der Durchführung zwischen Solo und Orchester wechselnd, alle zwölf Töne der chromatischen Skala in der Reihenfolge *a*, *h*, *f*, *fis*, *b*, *cis*, *g*, *dis*, *c*, *e*, *gis*, *d* enthält. Aber sie werden dennoch nicht im Zwölfton-Sinne verwendet, obwohl Alban Bergs Violinkonzert (s. d.) ohne Zweifel als Modell diente. Eine großangelegte Kadenz gibt dem Solisten virtuose Möglichkeiten. Gegen Ende des Satzes, wenn das Orchester in Vierteltönen begleitet, wird das ungarische Volkslied noch einmal heraufbeschworen.

Wie im DRITTEN KLAVIERKONZERT, so hat auch hier der *zweite Satz (Andante tranquillo)* den Charakter einer Pastorale. Er ist als Variationssatz angelegt: das breit ausgesponnene singbare Thema wird sechsmal abgewandelt, ehe es, leicht verändert, wie ein langsamer Tanz den Satz beschließt. Das tänzerische Element beherrscht auch das *Finale (Allegro molto)*, das in freier Rondoform auf einer Variante des Hauptthemas aus dem ersten Satz aufgebaut ist. Wie in klassischen Konzerten ist hier, im krönenden Abschluß, das virtuose Element zu höchstem Glanz gesteigert, ohne daß der Komponist auch nur ein einziges Mal im bloßen Effekt verharrt.

*Uraufführung: 1939 in Amsterdam. Solist: Zoltán Székely. Dirigent: Willem Mengelberg*

## ALBAN BERG

### *Violinkonzert (»Dem Andenken eines Engels«)*

Zum ersten Male in der Musikgeschichte wurde in diesem letzten Werk Alban Bergs die Kompositionsweise mit zwölf Tönen durchgehend auf die Konzertform angewendet. Arnold Schönberg hatte diese Methode entwickelt, die – vereinfacht gesagt – darauf beruht, daß alle zwölf Töne innerhalb der chromatischen Skala gleichberechtigt sind: kein Ton darf thematisch ein zweites Mal verwendet werden, ehe nicht alle elf anderen ebenfalls erklungen sind. Damit ist das traditionelle harmonische Gebäude endgültig verlassen. An die Stelle des Themas, der Melodie, des Motivs tritt „die Reihe“.

Alban Berg, dessen Oper WOZZECK (nach dem Bühnenstück Georg Büchners) zu den wenigen großen Theaterwerken des zwanzigsten Jahrhunderts gehört, hat nun gerade in seinem VIOLINKONZERT bewiesen, daß trotz der überaus strengen akademischen Kompositionsregel auch die Zwölftonmusik stärkster, ja ursprünglichster Ausdruck seelischer Erlebnisvorgänge sein kann. Das konstruktive Element ist mit dem espressiven, dem des Ausdrucks, so innig verschmolzen, daß von diesem Konzert ein unmittelbarer, ergreifender Eindruck ausgeht, selbst wenn man die Ursache seiner Entstehung nicht kennt. Das Violinkonzert ist „Dem Andenken eines Engels" gewidmet: Berg schrieb es unter dem Eindruck des frühen Todes von Alma Mahlers Tochter Manon Gropius, die, kaum achtzehn Jahre alt, an Kinderlähmung starb.
Dem Konzert liegt folgende Zwölftonreihe zugrunde:

Sie wirkt in ihren Terzgängen durchaus „melodisch", wie ein Ineinandergreifen von g-Moll-, D-Dur-, a-Moll- und E-Dur-Akkorden.
Die Form des Konzertes ist zweiteilig, wobei sich jeder einzelne Teil noch einmal unterteilt. Der thematischen Absicht eines „Requiems" entsprechend, ist die Tempofolge Andante-Allegretto / Allegro-Adagio. Alban Berg hat ohne Zweifel kein „Programm" komponieren wollen und dennoch sicherlich ganz bestimmte Vorstellungen in Töne umgesetzt: anders ist der Einbau einer schlichten Kärntner Volksweise und eines lutherischen Chorals (die zu der Zwölftonreihe in merkwürdig enger Beziehung stehen) nicht zu erklären. Die Volksweise mag an die Kindheit Manons erinnern, der Alban Berg in der Kärntner Landschaft wohl zum ersten Male begegnet

war, der Choral aber unterstreicht den ernsten Grundzug des Ganzen. Ihm liegen die Worte zugrunde:

*»Es ist genug.*
*Herr, wenn es Dir gefällt,*
*so spanne mich doch aus.*
*Mein Jesus kommt.*
*Mein großer Jammer bleibt darnieden.*
*Es ist genug.«*

Johann Sebastian Bach hat diesen Choral, der von J. R. Ahle (1625–1673) komponiert wurde, in seiner KANTATE NR. 60 verwendet und harmonisiert.
Berg schrieb das Violinkonzert in knapp vier Monaten nieder, als hätte er gespürt, daß es sein Abschied von dieser Welt sein würde. Am 24. Dezember 1935 starb er an einer Blutvergiftung – ähnlich wie sein großes Vorbild Gustav Mahler und merkwürdigerweise in genau dem gleichen Alter von knapp einundfünfzig Jahren.

*Uraufführung: 19. April 1936 in Barcelona. Solist: Louis Krasner. Dirigent: Hermann Scherchen*

## JOSEPH HAYDN

### *Konzert für Violoncello in D-Dur*

Erst um 1700 herum wurde das Violoncello in den Kreis der konzertierenden Solo-Instrumente aufgenommen, vorher war es lediglich ein Begleitinstrument gewesen. Es hatte sich zwischen Viola und Violone (Kontrabaß) geschoben: sein Name verrät, daß es als „Klein-Baß“ (= Violoncello) verwendet wurde. Daß man häufig nur noch vom „Cello“ oder den Celli spricht, ist sprachlich gesehen unsinnig, aber mit der Zeit doch zur Gewohnheit geworden.

Die Konzertliteratur für dieses Instrument ist spärlich. Die berühmten Cellisten – auch diese Bezeichnung ist sprachlich gesehen unsinnig – haben kaum ein halbes Dutzend Werke zur Verfügung: weder Mozart noch Beethoven, noch Schubert haben ein Violoncello-Konzert geschrieben, weil dieses Instrument zu ihrer Zeit allenfalls in der Kammermusik, nicht aber im Konzertsaal solistisch hervortrat. In neuerer Zeit haben unter anderen Arthur Honegger, Paul Hindemith und Heinrich Sutermeister Konzerte für Violoncello und Orchester komponiert. Auf den Programmen jedoch findet man immer nur die Namen Haydn, Schumann und Dvořak.

Für seinen Brotgeber, den Fürsten Esterhazy, hat Haydn etwa sechs bis acht Cello-Konzerte geschrieben. Sie sind so gut wie verschollen. Lediglich das im Jahre 1783 entstandene KONZERT IN D-DUR ist häufig zu hören.
Formal wie inhaltlich ist zu diesem Konzert kaum etwas zu sagen: es erschließt seine Schönheiten ohne weiteres. Das Thema des langsamen Satzes ist ungewöhnlich populär, weil es Haydns Eigenart besonders deutlich aufzeigt. Der Komponist Ditters von Dittersdorf, ein Zeitgenosse Mozarts und Haydns, wurde einmal von Kaiser Joseph II. in ein Gespräch verwickelt, das er später getreulich aufzeichnete und das – mehr als langatmige Ausführungen es je vermögen – die Bedeutung, die Wertschätzung und die Eigenart Haydns zum Ausdruck bringt:
*»Kaiser: „Was sagen Sie zu Haydns Komposition? Tändelt er nicht manches Mal gar zu viel?“ Ich: „Er hat die Gabe zu tändeln, ohne jedoch die Kunst herabzuwürdigen.“ Kaiser: „Da haben Sie recht. – Ich habe schon vor einiger Zeit zwischen Mozart und Haydn eine Parallele gezogen. Ziehen Sie mir auch eine, damit ich sehe, ob Sie mit der meinigen übereinstimmen.“ Ich: „Wollen mir Eure Majestät erlauben, vorher noch eine Gegenfrage zu tun?“ Kaiser:*

*„Immerzu." Ich: „Was ziehen E. M. für eine Parallele zwischen Klopstock und Gellert?" Kaiser: „Hm! Daß beide große Dichter sind – daß man Klopstocks Werke mehr als einmal lesen müsse, um alle Schönheiten zu verstehen – daß hingegen Gellerts Schönheiten schon beim ersten Anblick unverhüllt daliegen." Ich: „Hier haben E. M. meine Antwort." Kaiser: „Mozart wäre also mit Klopstock und Haydn mit Gellert zu vergleichen?" Ich: „So halte ich wenigstens dafür . . ."«*

*Uraufführungsdatum: unbekannt*

## ROBERT SCHUMANN

### *Konzert für Violoncello*

Trotz der klar erkennbaren Dreiteiligkeit zieht Schumanns VIOLONCELLO-KONZERT IN A-MOLL in einem einzigen großen Fluß an uns vorüber. Die Tonart ist keineswegs zufällig die gleiche, die auch dem voraufgegangenen Klavierkonzert Schumanns zugrunde liegt: die gleichen Stimmungen, die gleiche romantische Verzauberung hier wie dort.

Clara Schumann behauptete, das Konzert sei »*so recht im Cellocharakter geschrieben*«. Die Solisten sind nicht durchweg ihrer Meinung, obwohl ihnen besonders im *zweiten Satz* – in dem sich zwischen dem Solo-Instrument und einem zweiten Solo-Violoncello im Orchester ein wundervoller Dialog entspinnt – die schönsten und wirkungsvollsten Aufgaben gestellt werden. Aber manche Passagen, manche spröden Doppelgriffe scheinen eher gegen das Instrument (das Schumann wohl nur theoretisch kannte) geschrieben zu sein.

Formal lebt das Konzert von der einheitlichen Grundstimmung, die durch eine gewisse Gemeinsamkeit aller Themen erreicht wird. Im Grunde hält Schumann auch in diesem Werk nur Zwiesprache mit sich selbst. Alles Helle, Strahlende, Bejahende ist am Ende einer tiefen Melancholie gewichen. Nach diesem Konzert hat er nur noch unbedeutendere Werke geschrieben. Sein Geist verwirrte sich immer mehr: in einer Nervenheilanstalt nahe bei Bonn ist Schumann am 29. Juli 1856 im Alter von sechsundvierzig Jahren gestorben.

*Uraufführung: Februar 1851 in Düsseldorf*

## ANTONIN DVOŘÁK

### *Konzert für Violoncello in h-Moll*

In der „Neuen Welt“, in Amerika, hat Antonin Dvořák, der zuvor sowohl ein Klavier- wie auch ein Violinkonzert geschrieben hatte, die Arbeit an seinem großen CELLOKONZERT begonnen. Stärker noch als in seiner FÜNFTEN SINFONIE (s. d.) kommt hier seine Heimatsehnsucht zum Ausdruck. Ein leidenschaftlicher Zug durchzieht das ganze Werk, von dem Johannes Brahms, der Dvořák stets besonders zugetan war, so sehr begeistert wurde, daß er bereits nach dem Partiturstudium erklärte: »*Warum in aller Welt habe ich nicht gewußt, daß man so ein Violoncellokonzert schreiben kann?!*«

Das Orchester bringt in der *Allegro-Einleitung* die Urform des ersten Themas, das sich erst später in seiner endgültigen Gestalt ausprägt:

Das Nebenthema wird vom Horn eingeführt.

Die Sonatenform wird frei behandelt. In der kurzen Durchführung wird lediglich das erste Thema verarbeitet. Die Koda erhält durch die Blechbläser einen glanzvollen, fast ein wenig pathetischen Charakter.
Dreiteilig ist der *zweite Satz (Adagio ma non troppo)* aufgebaut, der in G-Dur eine böhmische Weise von besonderer Innigkeit enthält:

Im Mittelteil hat Dvořák eine Melodie aus seinem Lied „Laßt mich allein" frei abgewandelt. Den Abschluß bildet eine kadenzartige Erinnerung an das erste Thema.
Eine Fülle von Gedanken beherrscht den *dritten Satz (Allegro moderato)*. Das Hauptthema bringt das Solo-Instrument:

Es erfährt eine vielfache Abwandlung, wird auch in Dur gebracht, tritt dann jedoch hinter den Erinnerungen an die Themen der beiden ersten Sätze zurück. Eine virtuose Kadenz ist bewußt vermieden. Als ein Freund Dvořáks dennoch eine solche einfügen wollte, protestierte der Komponist mit ungewohnter Heftigkeit: »*Das Finale schließt allmählich diminuendo wie ein Hauch – mit Reminiszenzen an den ersten und den zweiten Satz, das Solo klingt bis zum pp aus – dann ein Anschwellen – und die letzten Takte übernimmt das Orchester und schließt in stürmischem Ton. Das war so meine Idee, und von der kann ich nicht ablassen.*«

*Uraufführung: 19. März 1896 in London. Solist: Leo Stern. Dirigent: Anton Dvořák*

# JOHANNES BRAHMS

## *Konzert für Violine und Violoncello*

Brahms' Doppelkonzert greift auf die alte italienische Form der Concerti grossi zurück. Sicher wird Brahms auch an Beethovens Tripelkonzert gedacht haben, als er das Thememmaterial einer geplanten FÜNFTEN SINFONIE für dieses Werk heranzog. Stilistisch kann man von einer konzertanten Sinfonie sprechen: Wie in den voraufgegangenen Werken ist auch hier der Solopart aufs engste mit dem Orchester verbunden. An rein virtuosen Elementen ist dieses Werk so arm, daß Joseph Joachim, der Geiger, im *ersten Satz* einige Takte künstlich erschwerte, um wenigstens ein einziges Mal brillieren zu können. Joachim zuliebe schmuggelte Brahms in den ersten Satz ein Thema aus einem Violinkonzert von G. Viotti (1753–1824) hinein, das der Geiger besonders schätzte.

Eine kurze Orchester-Eröffnung im Tutti-Sinn schlägt den Stimmungs-Akkord an. Die Solo-Instrumente folgen, zunächst getrennt, mit einer kadenzartigen Einführung. Allmählich strebt alles einem thematischen Zentrum zu.

Im *Andante* werden Violine und Violoncello, die sich im ersten Satz häufig ablösten, meist zusammen verwendet: aus den Oktav-Parallelen ergeben sich eigenartige Klangwirkungen für das liedhafte Hauptthema.

Wie in allen Brahms-Konzerten, so wird auch hier für den *Schlußsatz* ein rhythmisch sehr klares, scherzoartiges Thema verwendet, das zunächst vom tiefen, dann vom hohen Solo-Instrument aufgegriffen wird. Es wird, zusammen mit verschiedenen Nebengedanken, sinfonisch abgehandelt und prägt auch den Schluß.

*Uraufführung: 18. Oktober 1887 in Köln. Solisten: Joseph Joachim und Robert Hausmann. Dirigent: Johannes Brahms*

# Sinfonische Dichtungen

*Sinfonische Dichtungen sind im Grunde nur ein Versuch, gedankliche Vorgänge, Bilder und Visionen in Töne umzusetzen. Der Zuhörer soll nicht nur Musik an sich erleben, sondern von den gleichen Vorstellungen beseelt werden, die dem Komponisten zu eigen waren. Hinter seinem „Programm" müssen formale Erwägungen häufig zurücktreten.*

Bis in die Anfangszeit der Musik lassen sich die Bemühungen verfolgen, in Tönen zu malen, zu dichten. Im späten Barock, im Rokoko ahmte man auf dem Clavecin gackernde Hühner oder einen fürchterlichen Wirbelsturm nach. Man ließ Springbrunnen rauschen und stellte die Temperamente in Tönen dar. Der Vorgänger Bachs in der Thomas-Kantorei zu Leipzig, Johann Kuhnau, setzte ganze biblische Historien in Musik, so zum Beispiel »*die zwischen David und Goliath gewechselten Streitworte und den Streit selbsten, darbey dem Goliath der Stein in die Stirne geschleudert und er dadurch gefället und gar getötet wird*«. In holpernden Dreiklängen und endlosen Tonleitern fliehen sodann die Philister vor den siegreichen Israeliten.

Die Romantik griff die Idee der Programm-Musik von neuem auf. Hector Berlioz, der in seiner PHANTASTISCHEN SINFONIE (s. d.) einen Künstlertraum schilderte, schuf damit das Vorbild für zahllose sinfonische Dichtungen und Tongemälde. Franz Liszt erzählte die Geschichte des Kosaken Mazeppa, der wegen eines schweren Vergehens nackt ans Pferd gebunden und von diesem fast zu Tode geschleift worden war. Er

schuf die Gestalt des italienischen Dichters Tasso in Tönen nach, er inszenierte eine „Hunnenschlacht“: grandiose Tongemälde, die auch dann wirken, wenn man dem eigentlichen Programm nicht recht zu folgen vermag.
Bis in die ersten Jahrzehnte des zwanzigsten Jahrhunderts hinein wurde von allen großen Musikern Programm-Musik komponiert. So wurde von Bohuslav Martinu der TUMULT vertont, der bei der Landung des ersten Ozeanfliegers, Charles Lindbergh, in Paris entstand. Arthur Honegger, der einst im PACIFIC 231 eine amerikanische Güterzuglokomotive durch die Nacht donnern ließ, distanzierte sich Jahrzehnte später von jedwedem „Programm“. Denn die Programm-Musik ist – als lebendiger Ausdruck der Zeit – recht unmodern geworden. Aber viele Werke des neunzehnten Jahrhunderts gehören noch immer zum festen Repertoire – von Liszts LES PRÉLUDES bis zu Strawinskijs SACRE DU PRINTEMPS (Frühlingsopfer).

## FRANZ LISZT

*Les Préludes*

Franz Liszt ist es gewesen, der die Gattung der sinfonischen Dichtungen entwickelt und populär gemacht hat. Ohne ihn wären weder die Tongemälde Smetanas noch die Tondichtungen von Richard Strauss denkbar gewesen. Besonders der Letztgenannte nahm sich Liszt immer wieder zum großen Vorbild: sein HELDENLEBEN hat im musikalischen Programm eine erstaunliche Verwandtschaft zu LES PRÉLUDES.

Den poetischen Vorwurf entnahm Liszt den „Méditations poétiques" des Franzosen Lamartine: »*Was ist unser Leben anders als eine Reihenfolge von Präludien zu jenem unbekannten Gesang, dessen erste und feierliche Note der Tod anstimmt.*«

In fünf ineinander übergehenden sinfonischen Sätzen meditiert der Komponist über die Gedanken Lamartines. Der erste Teil, der bereits alle Motive des ganzen Werkes enthält – die Töne c–h–e durchziehen in mannigfacher Abwandlung die Dichtung wie ein Leitmotiv –, zeigt *den Menschen, das sterbliche Wesen.* Teil II trägt den Titel: *Das Liebesglück*, das durch die *Lebensstürme* (Teil III) jäh unterbrochen wird.

*Franz Liszt*
*Zeitgenössische Karikatur*

In Teil IV, *Flucht zur Natur*, sucht der Mensch Genesung in der Ruhe des Landlebens. Fast unmerklich geht der vierte in den letzten Teil über. Die Themen straffen sich, verlieren alle Süße, allen Wohllaut: der Held zieht in den *Freiwilligen Kampf.*

(Das Thema der Apotheose ist allzu bekannt geworden: es bildete im zweiten Weltkrieg die Sondermeldungsfanfare im Rußlandfeldzug.)

*Uraufführung: 23. Februar 1854 in Weimar. Dirigent: Franz Liszt*

# FRIEDRICH SMETANA

## *Die Moldau*

MEIN VATERLAND nannte Smetana den sechsteiligen Zyklus, in dem er Gestalten aus böhmischen Sagen, die alte Prager Burg Vysehrad, die Hussitenkriege, die Haine und Fluren seiner Heimat musikalisch schildert. Das bekannteste Werk dieses Zyklus aber ist DIE MOLDAU.

In der Partitur hat Smetana selbst das Programm in Stichworten angemerkt: »*Die erste Quelle der Moldau (am Anfang) – Zweite Quelle der Moldau (Eintritt der Klarinetten im 16. Takt) – Wälder, Jagd (nach der Wiederholung) – Ländliche Hochzeit ($^2/_4$-Takt) – Luna, Tanz der Elfen (fünfter Takt in As-Dur) – St.-Johann-Stromschnellen (33. Takt im $^6/_8$-Takt, tempo primo) – Breiter Lauf der Moldau (più mosso) – Motiv des „Vysehrad" (69. Takt vom Ende).*«

Das „Programm" jedoch, das man dem Hörer gab, hat nach Angaben Smetanas sein Landsmann Zeleny folgendermaßen formuliert:

»*Zwei kleine Quellen entspringen im Schatten des Böhmerwaldes. Die eine warm und sprudelnd, die andere kühl und ernst. Ihre Wellen fließen in eins, schlagen hell an das Gestein und schimmern im Licht der Sonne. Schnellfüßig wächst der Gebirgsbach zum Flüßchen Moldau, das sich auf den Weg durch die Landschaft Böhmens begibt. Je weiter sie vordringt, um so mächtiger rauscht ihre Strömung.*

*Sie fließt durch dunkle Kiefernwälder, in denen Jagdhörner ertönen, sie fließt durch sonnenhelle Fluren, wo heitere Musik eine Bauernhochzeit anzeigt.*
*In der Nacht führen auf ihren vergoldeten Wellen Wassernixen ihren Reigen im Mondlicht auf, in ihren Wellen spiegeln sich stolze Burgen, Zeugen einstigen Ruhmes. In den Stromschnellen von St. Johann zwängt sich der Fluß zwischen engen Felswänden hindurch. Dann aber wälzt er sich breit und majestätisch Prag entgegen. Vysehrad, die alte Burg, heißt den Fluß willkommen. In größter Pracht und strahlendem Glanz entschwindet sie dem Blick des Dichters in unbekannte Fernen.«* Das ist eine außergewöhnlich genaue, bildhafte Inhaltsangabe für die verschiedenen Stationen der Musik.
Bis auf den heutigen Tag ist es jedoch eine Streitfrage geblieben, ob die Musik tatsächlich ein solches bildhaftes Programm erfüllen kann oder nicht, ob es überhaupt angängig ist, daß ein Komponist seine bildhaften Vorstellungen dem breiten Publikum suggeriert. Frühere Zeiten hielten beides für möglich und statthaft. Heute überwiegen die Stimmen, die dies bestreiten. Doch einerlei: Mit und ohne „Programm" ist Smetanas Moldau ein herrliches Stück Musik.
Die Partitur, die Friedrich Smetana in nur neunzehn Tagen vollendete, trägt am Schluß den Vermerk: *»Ich bin völlig taub.«*

*Uraufführung: 4. April 1875 in Prag. Dirigent: Adolf Czech*

# MODEST MUSSORGSKIJ

## *Bilder einer Ausstellung*

Eine Gemäldeausstellung, die zum Gedächtnis des Malers Viktor Hartmann in St. Petersburg veranstaltet wurde, regte Modest Mussorgskij, den Komponisten der Oper BORIS GODUNOW, zu einem Klavierzyklus an: zehn gegensätzliche Bilder werden hier noch einmal in Tönen nachgemalt. Ein Grundmotiv im wechselnden Takt, *Promenade* überschrieben, stellt die Verbindung her: der Komponist zeichnet sich hier selbst, wie er die Galerie mit wechselnden Empfindungen durchwandert.

Zunächst wackelt auf kleinen, dicken, krummen Beinen ein *Gnom* daher. Dann folgt *Das alte Schloß*, eine Ballade, in der seltsam archaische Harmonien einen mittelalterlichen Troubadour schildern. In eine ganz andere Welt führt das Bild *Die Tuilerien:* Kinder spielen, schaukeln, streiten, toben hier im Pariser Tuilerien-Garten miteinander.

Wieder ein anderes Bild stellt den *Bydlo*, einen alten polnischen Ochsenkarren, dar, der schwerfällig vorbeirumpelt – ein wirksamer Kontrast zu den *Tanzenden Küchlein in ihren Eierschalen*, ein regelrechtes Scherzo mit einem kleinen Trio. Dann folgen *Samuel Goldenberg und Schmuyle*, zwei polnische Juden, von denen der eine protzig-behäbig, der andere kreischend und gestikulierend daherkommt. Beide geraten in Streit und reden schließlich gleichzeitig aufeinander ein: ihre Themen werden ineinander verwoben. Das nächste Bild ist der *Marktplatz von Limoges*, auf dem keifende Bauernweiber aneinandergeraten.

Hartmann, der Maler, hatte sich auf einem seiner Gemälde selbst dargestellt, wie er beim Schein einer dürftigen Laterne die Totenschädel in den *Katakomben* von Paris betrachtet. Mussorgskij meditiert selbst über den toten Freund, ehe er sich von dessen Selbstbildnis frei macht und die *Hütte der Baba Yaga* betrachtet. Sie ist die Hexe eines russischen Volksmärchens, eine dämonische Gestalt, von der sich Mussorgskij, der Bildbetrachter, abrupt abwendet.

Ein eindrucksvolles Bild, *Das große Tor von Kiew*, fesselt ihn mehr. Schwere Glocken dröhnen von den Türmen der Stadt: In einem Hymnus auf Rußland klingt das Werk aus.

Mussorgskij, der, wie die meisten seiner Zeitgenossen, ein Autodidakt war und niemals einen systematischen Unterricht in Komposition und Instrumentation genossen hat – für den Sohn einer angesehenen, begüterten Landadelsfamilie war es unvorstellbar, daß er sich die Musik zum Broterwerb erkor –, hat niemals daran gedacht, seine „Bilder“ zu instrumentieren. Seine wenigen Werke, unter denen die Oper BORIS GODUNOW eine Ausnahmestellung einnimmt, wurden meist von seinem Freund Rimskij-Korssakow überarbeitet. Die BILDER EINER AUSSTELLUNG jedoch blieben bis in die zwanziger Jahre ein reines Klavierwerk: Erst vier Jahrzehnte nach Mussorgskijs Tod gab der in Rußland geborene, jedoch nach Amerika ausgewanderte Dirigent Serge Koussewitzkij dem Franzosen Maurice Ravel den Auftrag, das Werk zu instrumentieren. Ravel, einer der besten Klangmaler unserer Zeit, erfüllte 1922 den Auftrag in kongenialer Weise. Die Orchesterfassung der BILDER EINER AUSSTELLUNG wurde von Koussewitzkij ein Jahr später in Boston/USA zum ersten Male aufgeführt.

# RICHARD STRAUSS

## *Don Juan*

Im August 1888 schrieb der damals vierundzwanzigjährige Richard Strauss an Hans von Bülow: »*Will man ein in Stimmung und konsequentem Aufbau einheitliches Kunstwerk schaffen und soll dasselbe auf den Zuhörer plastisch einwirken, so muß das, was der Autor sagen wollte, auch plastisch vor seinem geistigen Auge geschwebt haben. Dies ist nur möglich infolge der Befruchtung durch eine poetische Idee, mag dieselbe nun als Programm dem Werke beigefügt werden oder nicht.*«

AUS ITALIEN hieß die erste Tondichtung von Strauss, MACBETH die zweite. Dann folgte unmittelbar darauf der DON JUAN. Ein Gedicht von Nicolaus Lenau gab die Anregung.

> »*Hinaus und fort nach immer neuen Siegen*
> *Solang der Jugend Feuerpulse fliegen*«

steht als Motto vor der Partitur. Don Juan ist hier ein kraftvoller, egozentrischer Held, der sich kühn und bedenkenlos über alle Kleinlichkeiten dieser Welt hinwegsetzt und nichts anderes will, als »*den Zauberkreis, den unermeßlich weiten, durchziehn im Sturme des Genusses*«. Das jäh aufschnellende Anfangsthema symbolisiert Don Juans rastloses Wesen eindeutiger als alle Worte:

Die weiteren Themen des in freier Sonatenform gehaltenen Werkes entsprechen den Stationen seiner Abenteuer. Sieghaft wächst nach der ersten Reprise das zweite Hauptthema unter einem Streicher-Tremolo, von den Hörnern intoniert, empor:

Don Juan stürmt, ohne es zu wissen, einem jähen Ende zu. Im Duell tödlich verwundet, stürzt er jäh zu Boden und verlischt wie ein Meteor.

*Uraufführung: 11. November 1889 in Weimar. Dirigent: Richard Strauss*

## *Till Eulenspiegels lustige Streiche*

Man braucht die Streiche des Erzschelms nicht in allen Einzelheiten zu kennen, um die Musik zu „verstehen". Sie läßt irgendwelche Mißverständnisse gar nicht erst aufkommen. Sie ist von einer spielerischen Eindeutigkeit und Anschaulichkeit, so daß ein detailliertes Programm überflüssig wird. Strauss hat bei der Uraufführung erklärt, die Zuhörer sollten selbst die Nüsse aufknacken, die der Schalk ihnen verabreicht. Erst später hat er die einzelnen Streiche ausführlich geschildert.
Das Werk – *nach alter Schelmenweise in Rondoform* – beginnt mit dem Thema „Es war einmal ein Schelm ..."

Dann wird der Schalksnarr vom Hornisten vorgestellt:

Die Klarinette beweist, daß Till den Leuten gern eine lange Nase dreht:

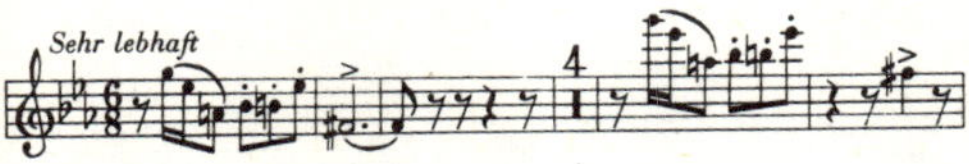


Sein erstes Abenteuer erlebt Eulenspiegel auf dem Markt, wo er den Weibern mutwillig ihre Töpfe zerbricht und im allgemeinen Durcheinander lachend das Weite sucht. Dann verkleidet sich Till als Wanderprediger: *»In der Unterstimme des Kontrafagotts lugt seine große Zehe hervor«*, meinte Strauss. Als Tills Zuhörer merken, wie sie angeführt wurden, flieht der Schalksnarr schleunigst von hinnen. Jetzt zieht er auf galante Abenteuer aus, wirbt schmachtend um eine dralle Schöne, hat aber kein Glück. Um so größer ist sein Erfolg bei einer Schar hochgelehrter Leute: „Ausbund der Philisterei“ (die Strauss bis an sein Lebensende haßte). Er verstrickt die Leuchten der Wissenschaft in ein Streitgespräch, pfeift sich eins und wandert weiter.

Dann folgt der letzte „Streich“: Man hat Till gefangen und vor ein Tribunal gezerrt. Es fällt unmißverständlich den Urteilsspruch: Till soll hängen. Man schleppt ihn zum Galgen, legt ihm die Schlinge um den Hals und zieht ihn empor, die überblasene Klarinette karikiert seinen letzten Seufzer. „Es war einmal ein Schelm“: das Anfangsthema kehrt wieder. Plötzlich ist es, als spränge Eulenspiegel, der Unsterbliche, wieder mitten hinein in diese Welt.

*Uraufführung: 5. November 1895 in Köln. Dirigent: Franz Wüllner*

## *Don Quixote*

*»Phantastische Variationen über ein Thema ritterlichen Charakters«* nannte Strauss im Untertitel eine weitere Tondichtung, in deren Mittelpunkt Don Quixote, der Ritter von der traurigen Gestalt, steht. Strauss hat das Programm eng an die Dichtung des Cervantes angelehnt. Den Ritter charakterisiert das Solo-Cello, seinen Diener Sancho Pansa eine Solo-Bratsche.

*Teil einer Partitur in der Handschrift von Richard Strauss*

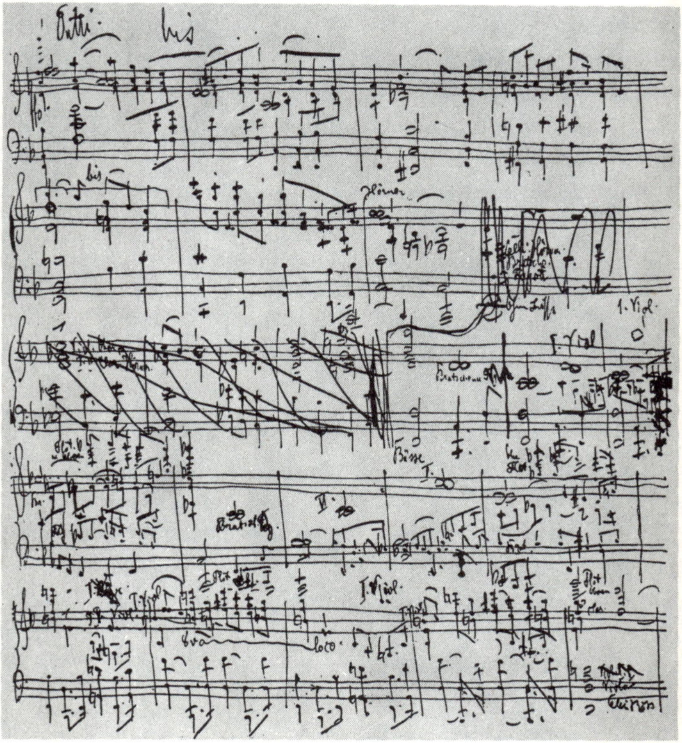

Strauss bot seine ganze Phantasie auf, um die Abenteuer der beiden in Tönen zu malen.

In der *Einleitung* liest Don Quixote in einem alten Ritterroman und beschließt daraufhin, selbst durch die Welt zu ziehen und das große Abenteuer zu suchen. Die *erste Variation* schildert den Ausritt von Herrn und Diener unter dem Zeichen der schönen Dulzinea von Tobosa und den Kampf mit den Windmühlen. – Das abstürzende Harfenglissando und der harte Paukenschlag illustrieren, wie Don Quixote von den kreisenden Windmühlenflügeln ergriffen, herumgeschwungen und zu Boden geworfen wird.

*Zweite Variation:* Siegreicher Kampf gegen das Heer des großen Kaisers Alifanfaron. Es ist in Wirklichkeit eine friedlich grasende Hammelherde. – Tremolierende Geigen, gestopftes Blech und Trillerketten ahmen das Geblöke nach, das sich nach dem Schlachtruf Don Quixotes zu todesängstlichen Schreien steigert.

*Dritte Variation:* Gespräch zwischen Ritter und Knappen. Sancho bekommt am Ende für seine Unbelehrbarkeit wie für seinen vorlauten Mund „eine ausgewischt".

*Vierte Variation:* Unglückliches Abenteuer mit einer Prozession von Büßern. Don Quixote erblickt in ihnen neue Feinde, wird jedoch nach seiner Attacke jämmerlich verprügelt.

*Fünfte Variation:* Don Quixotes Waffenwache. Er gedenkt seufzend der schönen Dulzinea. – Mit raffinierten Mitteln beschwört Strauss hier den Zauber einer Sommernacht.

*Sechste Variation:* Begegnung mit einer Bauerndirne, die Sancho seinem Herrn als die verzauberte Dulzinea vorstellt.

*Siebente Variation:* Der Ritt durch die Luft. – Flatterzungenläufe der Flöten, rauschende Harfenglissandi, Paukenwirbel und Windmaschine illustrieren den Ritt auf dem Steckenpferd.

*Achte Variation:* Unglückliche Fahrt im verzauberten Nachen. – Das Schiff stößt an eine Zauberfestung, zerschellt. Mühsam retten sich Don Quixote und Sancho Pansa mit einem kräftigen Schnupfen – man hört sie niesen! – ans Land.

*Neunte Variation:* Kampf gegen zwei vermeintliche Zauberer, zwei Pfäfflein auf ihren Maultieren. Don Quixote schlägt sie mit vier wuchtigen Schwertstreichen in die „Flucht“.

*Zehnte Variation:* Zweikampf mit dem Ritter vom blanken Monde. Don Quixote, zu Boden gestreckt, sagt den Waffen Valet und zieht mit dem Entschluß, Schäfer zu werden, seiner Heimat zu.

*Finale:* Von seinen Wahnideen befreit, gibt sich Don Quixote den Erinnerungen an seine Heldenfahrten hin. Der „innere Widerspruch“ – durch ein besonderes Motiv charakterisiert, das als einziges Thema keiner Veränderung unterworfen ist – löst sich auf. Mit den Gedanken an jene Sommernacht, da ihm Dulzinea so nahe schien, schlummert Don Quixote hinüber.

*Uraufführung: 8. März 1898 in Köln. Dirigent: Franz Wüllner*

## *Ein Heldenleben*

Mit einem ungewöhnlichen Aufgebot an Instrumenten – vierfaches Holz, acht Hörner, fünf Trompeten, drei Posaunen, Tenor- und Baß-Tuba, zwei Harfen und eine riesige Schlagwerk-Batterie, dazu ein möglichst stark besetztes Streichquintett – hat Richard Strauss in diesem Werk – Richard Strauss geschildert. Der Komponist selbst ist der „Held“, der

sich mit der Welt, mit seinen Widersachern auseinandersetzen muß, der eine Gefährtin findet, um am Ende sich in selbstgewählter Einsamkeit zu vollenden.
Die sechs Abschnitte der Partitur, die ohne Zäsur ineinander übergehen, tragen die Titel: *Der Held – Des Helden Widersacher – Des Helden Gefährtin – Des Helden Walstatt – Des Helden Friedenswerke* und *Des Helden Weltflucht und Vollendung.*
Mit einem zielbewußt aufstrebenden, weitgespannten Thema führt sich der „Held" ein:

Die Widersacher sind durch näselnde Oboen, kreischende Klarinetten, grunzende Fagotte und grelle Flöten charakterisiert. Dann zeichnet die Solo-Violine ein Bild der „Gefährtin":

Strauss bemerkte wörtlich zu Romain Rolland: *»Meine Frau ist es, die ich darstellen wollte. Sie ist sehr kompliziert, ein wenig kokett, sich selbst niemals ähnlich, von Minute zu Minute wechselnd ...«* In die reine Liebesstimmung der beiden tönt das Motiv der Widersacher, die den Helden zum Kampf herausfordern.
*Auf der Walstatt* entbrennt ein heißer, lärmender Kampf. Vom Motiv der Gefährtin angefeuert, ringt der Held seine Feinde nieder. Dann hält er Einkehr bei sich selbst. Er betrachtet seine *Friedenswerke:* Strauss läßt Themen seiner früheren Tondichtungen aufklingen. Don Juan und Zarathustra melden sich zu Wort. Aus TOD UND VERKLÄRUNG

und der ersten, mißglückten Oper GUNTRAM erklingen Zitate. Sancho Pansa trabt auf seinem Esel daher, Eulenspiegel lacht ihn aus. Das Strauss-Lied TRAUM DURCH DIE DÄMMERUNG wird zitiert – aber wieder stören die Widersacher die resignierende Meditation. Der Held flieht nun die Welt des Mißverstehens, er nimmt Abschied von ihr und vollendet sich in der Einsamkeit.
Bei der Uraufführung in Frankfurt verließen zahlreiche Zuschauer unter lautem Protest den Saal. Und in einer Kritik war zu lesen: »*Das ist kein Heldenleben, sondern ein Hundeleben.*« Erst allmählich hat sich dieses trotz aller Problematik geniale Werk durchgesetzt. Strauss selbst hat sich später von ihm spürbar distanziert.

*Uraufführung: 3. März 1899 in Frankfurt. Dirigent: Richard Strauss*

## CLAUDE DEBUSSY

### *Prélude à l'après-midi d'un faune*

Ein Bild Bouchers (1703–1770) gab Stéphane Mallarmé (1842–1898) die Anregung zu einem seiner berühmtesten Gedichte: Im Schilf verborgen, belauscht ein junger Faun das Spiel der Nymphen. Mallarmé hat die Szene ausgemalt: Der Faun träumt, die Töne seiner Flöte locken die Nymphen

herbei. Er beschleicht, er überwältigt sie und sinkt dann in den wunschlosen Schlaf zurück.
Claude Debussy (1862–1918) liebte Mallarmés Gedicht so sehr, daß er es zum Vorwurf für ein sinfonisches Werk machte. Er wollte es nicht in Programm-Manier vertonen, sondern nur den Eindruck, den seelischen Reflex wiedergeben, den das Gedicht in ihm ausgelöst hatte. *Doux et expressif* – süß und ausdrucksvoll –, das ist die einzige Vortragsbezeichnung: sie umreißt den Reiz und die Eigenart des Werkes vollkommen.
Ohne jeden Einleitungsakkord beginnt die (Pan-)Flöte eine nachlässig schleppende, verspielte Melodie, deren Halbtöne den Eindruck einer bloßen Improvisation verstärken. Dann erst, im dritten und vierten Takt, verdichtet sie sich zu einer Melodie:

Eingebettet in die impressionistischen Klänge des Orchesters, abgewandelt, ausgeweitet, einem zweiten, dem „Nymphen-Thema" gegenübergestellt, beherrscht sie das ganze Stück, von dem Mallarmé meinte, es träfe die Atmosphäre seines Gedichtes mit größerer Leidenschaft als die Farbe.
Das PRÉLUDE ist ein Musterbeispiel für den Stil Debussys, der allgemein als Begründer des musikalischen „Impressionismus" gilt. Er war nicht nur ein Zeitgenosse der Maler Cézanne, Monet, Renoir und Gauguin, er stand ihnen auch in seinem künstlerischen Wollen nahe. Wie sie die bildhaften Eindrücke ihrer Umwelt in ihren Gemälden widerspiegelten, so nahm Debussy die „tausend Geräusche der Natur", ihre Lichter und ihre Schatten in sich auf und gab sie in Tönen wieder.

*Uraufführung: 23. Dezember 1894 in Paris. Dirigent: Gustave Doret*

## *La Mer*

*Symphonische Skizzen* nannte Debussy sein großangelegtes Orchesterwerk, das – »*mehr Ausdruck der Empfindung als Malerei*« – das von ihm so sehr geliebte Meer widerspiegeln sollte. »*Das Rauschen des Meeres*«, so meinte Debussy in einem Interview, »*die Kurve eines Horizonts, der Wind in den Blättern, der Schrei eines Vogels rufen in uns vielfältige Eindrücke hervor. Und plötzlich, ohne daß man das geringste dazutut, löst sich eine dieser Erinnerungen von uns los und formt sich zu Musik. Sie trägt ihre Harmonie in sich selbst . . .*«
Formal ist LA MER eine dreisätzige Sinfonie. Die drei Teile – *Von der Morgendämmerung bis zum Mittag auf dem Meer*, *Spiel der Wellen* und *Zwiegespräch von Wind und Meer* – sind lose miteinander verbunden: Das Hauptthema des ersten Satzes kehrt im letzten wieder. Aber diese formalen Eigenheiten treten hinter der unerhörten Instrumentierungskunst Debussys zurück. Wieder muß man von einer »*klingenden Palette*« sprechen, auf der »*ein geschickter Pinsel seltene und leuchtende Töne mischt, um in der ganzen Mannigfaltigkeit ihrer Skala das Spiel des Schattens und des Lichtes, das vielfältige Helldunkel der schillernden, unendlichen Fluten wiederzugeben. Manche Ausbrüche der Blechbläser gleichen Sonnenstrahlen, die plötzlich über die Wasseroberfläche gleiten und sie wie in einem blendenden Spiegel aufblitzen lassen; manche Streicherarpeggien sind wie die tiefen Unterströmungen der Wogen, die sich am Strande brechen . . . Zuweilen läßt ein einfacher Flötenlauf den Hauch einer Brise ahnen . . .*« (Aus dem Programmheft der Uraufführung.)

*Uraufführung: 15. Oktober 1905 in Paris. Dirigent: Camille Chevillard*

# MAURICE RAVEL

## *Rhapsodie Espagnole*

Für die spanische Volksmusik hat Maurice Ravel stets eine besondere Liebe bezeugt, die seine baskische Mutter in ihm geweckt hatte. In der RHAPSODIE ESPAGNOLE gibt er in klaren Farben und Konturen vier verschiedene (Stimmungs-) Bilder: *Prélude à la nuit*, *Malagueña*, *Habanera* und *Feria* sind ihre Untertitel.

Das erste Stück ist über einer ostinaten (immer wiederkehrenden) Grundfigur aufgebaut, die nur aus vier Tönen besteht und die auch in den folgenden Sätzen wieder anklingt. Das *Prélude* führt gleichsam in die spanische Landschaft ein und zugleich in Ravels Bemühen, kein hingetupftes Klanggemälde zu entwerfen, sondern in festen, scharf umrissenen Strichen zu skizzieren. Seine Leidenschaft heißt Klarheit: Man hat ihn einmal als den „Geometer des Mysteriums" bezeichnet.

Auch in der *Malagueña* spielt der Rhythmus eine entscheidende Rolle, desgleichen in der *Habanera*, die auf ein Klavierstück Ravels zurückgeht. Wie ein Ruf steigt hier eine zärtliche Melodie über einem dunkel getönten Grund auf, schwingt sich aus und fällt immer wieder in einen reinen Akkord zurück, ehe sie in der Ferne verhallt.

In der *Feria*, dem hinreißenden *Finale*, wird ein spanisches Volksfest gefeiert. Wieder treiben volksliedhafte Rhythmen das Geschehen voran und einem Höhepunkt zu. Als er erreicht scheint, bricht der Rhythmus plötzlich ab. Ein zarter, poetischer Mittelteil, in dem Englisch-Horn und Klarinette ein Zwiegespräch führen, folgt. Dann aber kehrt Ravel zu der ausgelassenen, überschäumenden Grundstimmung des Anfangs zurück.

*Uraufführung: 28. März 1908 in Paris. Dirigent: Edouard Colonne*

## *Daphnis und Chloe*

In seiner autobiographischen Skizze berichtet Ravel: »DAPHNIS UND CHLOE, *eine choreographische Sinfonie in drei Teilen, wurde von Serge Diaghilew, dem Direktor des Russischen Balletts, bei mir bestellt. Als ich die Musik schrieb, war es meine Absicht, eine ausgedehnte Klangfreske zu komponieren, wobei ich mich weniger um Archaismen kümmerte als um die Treue eines Griechenlandes meiner Träume, das ziemlich genau jenem Griechenland verwandt ist, wie es sich die französischen Künstler am Ende des 18. Jahrhunderts eingebildet und ausgemalt haben. Das Werk ist sinfonisch nach einem sehr strengen, tonalen Plan aufgebaut vermittels einer kleinen Anzahl von Motiven, deren Entwicklung die sinfonische Einheit schafft.*«

In der Ballett-Fassung fügt Ravel noch einen unsichtbaren Chor in die ohnehin schon ungewöhnlich umfangreiche Partitur, dessen Vokalisen (gesungene Vokale) wie Orchesterstimmen behandelt werden.

Später hat Ravel für den Konzertsaal aus dem Ballett zwei Suiten (ohne Chor) herausgelöst.

Die erste enthält die Teile: *Nocturne, Interlude* und *Kriegerischer Tanz.*

Die zweite, die im Repertoire bevorzugt wird, beginnt mit *Morgendämmerung* (einem der schönsten Stücke Ravels überhaupt).

Dann folgt eine *Pantomime* und schließlich unter dem Titel *Danse générale* das mitreißende Piraten-Bacchanale. Gerade dieser Teil der Partitur, der heute so ursprünglich, so spontan wirkt, hat Ravel über ein Jahr beschäftigt.

*Uraufführung (des Balletts): 8. Juni 1912 in Paris. Dirigent: Pierre Monteux*

## PAUL DUKAS

### *Der Zauberlehrling*

Es ist Goethes Ballade vom Zauberlehrling, die der Franzose Dukas (1865–1935) in einem sinfonischen Scherzo nacherzählt.

Der alte Hexenmeister hat sich wieder einmal davonbegeben, und der Lehrling, sich selbst überlassen, beschließt, sich von dem dienstbaren Besengeist das Bad füllen zu lassen. Dieser ist zur Stelle, kaum daß die erste Formel gesprochen wurde. Aber der Lehrling kennt die zweite nicht, mit der er den Geist wieder zu bannen vermag. Und so schleppt der Besen einen Eimer Wasser nach dem anderen herbei. Über alle Schwellen quillt es, hundert Flüsse stürzen auf den Unseligen ein. Als er mit einem scharfen Beil den Besen spaltet, verrichten beide Hälften, was ihnen leichtsinnig aufgetragen worden war. In der höchsten Not kehrt der Herr und Meister zurück und bannt den Spuk: »*In die Ecke, Besen, sei's gewesen!*«

Dukas hat das Geschehen nicht nur illustriert, sondern auch mit formalen Mitteln ausgedrückt. So spaltet sich das (meist den Fagotten anvertraute) Thema wie der Besen: ein Kanon drückt das Hintereinanderherlaufen der beiden Hälften aus.

*Uraufführung: 1907 in Paris*

# MANUEL DE FALLA

## *Der Dreispitz*

Als eines der letzten europäischen Länder entdeckte um die Jahrhundertwende Spanien die Werte seiner Volksmusik. Es hat auf der iberischen Halbinsel merkwürdigerweise nur sehr wenige Komponisten gegeben: Manuel de Falla ist neben Granados und Albeniz der bedeutendste. Er besaß für seine Heimat eine ähnliche Bedeutung, wie etwa Dvořák für Böhmen und Bartók für Ungarn. Auch er schmolz die volksgebundenen Klänge und Rhythmen, die in den spanischen Dörfern noch heute so lebendig sind wie vor zweihundert Jahren, in seine kunstvoll ausgearbeiteten und raffiniert instrumentierten Partituren ein.

Von de Falla besitzen wir mehrere kleine Spielopern und Ballette: DER DREISPITZ ist wohl sein bekanntestes Werk. Er schrieb es zu Alarçóns gleichnamiger Komödie, in der ein vornehmer Alkade der ebenso hübschen wie energischen Frau des Müllers den Hof macht, am Ende jedoch blamiert das Weite suchen muß. De Falla hat z. T. originale Volksweisen verwendet. Er hat aber auch „echt" klingende Themen erfunden.

Die aus der (für Serge Diaghilew geschriebenen) Ballettmusik gewonnene dreisätzige Suite des SOMBRERO DE TRES PICOS wurde 1921 in London zum ersten Male aufgeführt.

# NICOLAI RIMSKIJ-KORSSAKOW

## *Scheherezade*

Auf einer dreijährigen Weltreise hatte der Marineleutnant Nicolai Rimskij-Korssakow in langen Deckwachen die Natur begreifen und lieben gelernt. Ihre Farben setzten sich in Klänge um, ihre Charaktere in Tonarten. Die Natur hat ihn, wie er selbst bekannte, instrumentieren gelehrt: eine Kunst, die seine Zeitgenossen und Freunde – Borodin, Mussorgskij, Balakirew – nur sehr mangelhaft beherrschten.
Mit einer unerhörten Klangpracht hat Rimskij-Korssakow in seiner SINFONISCHEN SUITE (op. 35) einige Erzählungen aus TAUSENDUNDEINE NACHT ausgemalt. Scheherezade erzählt dem grausamen Sultan Schahriar die Geschichten von Sindbad, dem Seefahrer, vom Prinzen Kalender, vom jungen Prinzen und der schönen Prinzessin sowie vom Magnetberg.
Scheherezade ist durch ein eigenartiges Motiv charakterisiert:

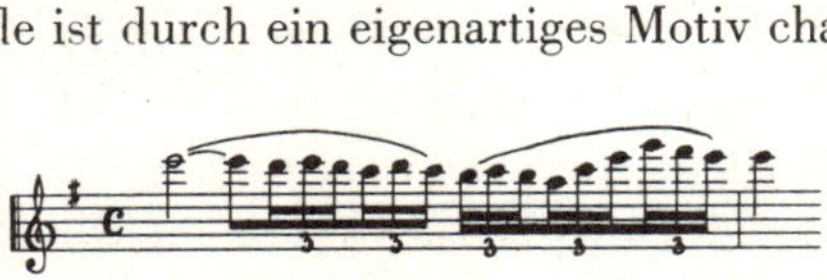

Es durchzieht, ebenso wie das Thema des Sultans, das ganze Werk und vereinigt sich am Ende mit diesem, wie sich Schahriar und Scheherezade vereinen.

Nach der Einleitung, die im wesentlichen die beiden Hauptpersonen vorstellt, folgt die Geschichte von Sindbad. Der despotische Sultan fährt zwar häufig unwirsch dazwischen, aber Scheherezade bringt ihr Märchen doch zu Ende. Die beiden folgenden Prinzengeschichten sind in zwei Andantino-Sätzen ausgedrückt. Die wiederholten Zitate der Hauptmotive illustrieren die allmähliche Besänftigung Schahriars, der Scheherezade immer seltener unterbricht. Am Ende des dritten Teils kommt es offensichtlich noch einmal zu einer heftigen Auseinandersetzung, aber die letzte Erzählung, die mit einem Fest in Bagdad beginnt und mit dem Zerschellen des Schiffes am Magnetberg endet, besiegelt Scheherezades Sieg.

## OTTORINO RESPIGHI

*Die Pinien von Rom*

Nach den Vorbildern Franz Liszt und Richard Strauss schrieb der italienische Komponist Ottorino Respighi, der unter anderem bei Rimskij-Korssakow studiert hatte, mehrere sinfonische Dichtungen, von denen PINI DI ROMA (1924) am bekanntesten wurden. Respighi legte dieser Dichtung folgendes Programm zugrunde:

I. *I Pini di Villa Borghese.* Kinder spielen unter den Bäumen der Villa Borghese. Einige tanzen Ringelreihen, andere spielen Krieg. Wie Schwalben am Abend erregen sie sich an den eigenen Schreien; in Schwärmen eilen sie fort. Plötzlich verändert sich die Szene.
II. *I Pini presso una catacomba.* Pinien bewachen den Eingang zu einer Katakombe, aus der trauriger Gesang hervordringt. Er erhebt sich zu einer feierlichen Hymne und verklingt.
III. *I Pini del Gianicolo.* Ein leiser Schauer durchfährt die Luft; die Pinien auf dem Janiculus-Hügel wiegen sich im Mondschein. Eine Nachtigall singt. (Respighi wollte laut Partiturvermerk einen originalen Nachtigallengesang auf Schallplatte aufnehmen und entsprechend der Partitur abspielen!)
IV. *I Pini della Via Appia.* Einsame Pinien halten in der heroischen Landschaft der römischen Campagna Wacht. Man hört undeutlich den Rhythmus zahlloser Schritte. Eine Vision des alten Roms dämmert herauf: unter dem Geschmetter der Trompeten naht ein Konsul an der Spitze seines Heeres, um über die Via sacra im Triumph zum Capitol zu ziehen.

*Uraufführung: Dezember 1925 in Rom*

## IGOR STRAWINSKIJ

### *Der Feuervogel*

Igor Strawinskij verneint in seiner MUSIKALISCHEN POETIK ganz entschieden die Möglichkeit, in Tönen zu malen, zu dichten. Alle Musik sei letztlich absolut. Seine drei berühmtesten Werke aus seiner ersten Schaffensperiode widersprechen dieser These nicht: sie sind als Ballettmusik angelegt und somit an eine reale (nicht geistige) Vorstellung gebunden.

Der Feuervogel vertritt im gleichnamigen Ballett die Figur des guten Geistes, während der grünkrallige Menschenfresser König Kaschtschei die Verkörperung des Bösen ist. Er hält Jungfrauen gefangen, verwandelt Männer in Steine. Er ist unsterblich, solange seine Seele, die in einem Kästchen in Gestalt eines Eies lebt, nicht angerührt wird. Der Feuervogel enthüllt dem jungen Prinzen Iwan Zarewitsch das Geheimnis Kaschtscheis: der Prinz bemächtigt sich des Kästchens, zerschlägt das Lebensei, ohne zu zögern, und tötet damit den Zauberer. Kaschtscheis Macht zerbricht: Alle Gefangenen werden frei, und Iwan verbindet sich für immer mit dem schönsten Opfer, der Zarewna.

Strawinskij hat einzelne Teile des Balletts zu einer Suite zusammengestellt. Die *Introduktion* spiegelt die geheimnisvolle Welt Kaschtscheis wider. Dann tanzt der Feuervogel. In einem zarten *Zwischenspiel*, das vor allem von Flöte und Oboe beherrscht wird, erscheint die Zarewna, die gefangene Prinzessin.

Mit einem brutalen Tuttischlag des ganzen Orchesters beginnt der infernalische *Tanz des Königs Kaschtschei.* Es folgt eine kurze *Berceuse* (Solo-Fagott) und schließlich das glanzvolle *Finale*, in dem sich eine Hornmelodie

allmählich zu einem hymnischen Ausklang steigert. Mit einem effektvollen dreifachen Fortissimoschlag endet die Suite, die im übrigen stark unter dem Einfluß Rimskij-Korssakows, des Lehrers Strawinskijs, steht.

*Uraufführung (des Balletts): 25. Juni 1910 in Paris. Dirigent: Gabriel Pierné*

## *Petruschka*

Um sich von der Idee des SACRE abzulenken, die Strawinskij kurz vor der Beendigung der FEUERVOGEL-Partitur überfallen hatte, skizzierte er ein Konzertstück für Klavier und Orchester.

*»Bei dieser Arbeit hatte ich die hartnäckige Vorstellung einer Gliederpuppe, die plötzlich Leben gewinnt und durch das teuflische Arpeggio ihrer Sprünge die Geduld des Orchesters so sehr erschöpft, daß es sie mit Fanfaren bedroht. Daraus entwickelt sich ein schrecklicher Wirrwarr, der auf seinem Höhepunkt mit dem schmerzlich-klagenden Zusammenbruch des armen Hampelmanns endet.«* Nach langem Nachdenken fiel Strawinskij auf einmal blitzartig der Titel für seine Komposition ein: PETRUSCHKA, der „ewig unglückliche Held aller russischen Jahrmärkte", der in Frankreich als Pierrot und in Deutschland als Kasperle bekannt ist.

Diaghilew drängte Strawinskij, aus der Sache ein großes Ballett zu machen. Die Handlung schufen der Komponist und Alexander Benois. Petruschka ist die Hauptfigur eines Puppentheaters, das auf dem Platz der Admiralität in St. Petersburg inmitten eines Faschings-Jahrmarktes das Publikum anlockt. Leierkästen erklingen, Ausrufer suchen sich zu übertönen, zwei Tänzerinnen machen sich heftige Konkurrenz. Ein alter Gaukler zaubert mit einer Flötenmelodie Petruschka, die Ballerina und den Mohren, die Hauptfiguren seines Puppentheaters, ins Leben. Sie tanzen und mischen sich unter das Jahrmarktspublikum.

Petruschka hat sich in die Ballerina verliebt. Aber sie lacht ihn aus, wie er sich ihr mit komischen Gesten nähert: ein häßlicher Kasperl mit der Riesennase. Der Mohr, die dritte Puppenfigur, hat bei der Ballerina mehr Erfolg, obgleich er „roh und stumpfsinnig" ist. Petruschka, von Eifersucht verzehrt, stört ihr Liebesidyll, wird aber hinausgeprügelt.

Im letzten Bild ist der Jahrmarktstrubel auf dem Höhepunkt. Alles tanzt: Kutscher, Kindermädchen, Bären, Bauern und Masken. Aus der Bude des Gauklers stürzt plötzlich Petruschka, vom Mohren verfolgt, den die Ballerina vergeblich zurückzuhalten sucht. Mit seinem Krummsäbel schlägt der Mohr seinen Nebenbuhler nieder: Petruschka stirbt. Als die Polizei erscheint, zuckt der Gaukler mit den Achseln und beweist, daß der vermeintliche Tote nur eine Puppe mit hölzernem Kopf und einem Körper voller Sägespäne ist.
Strawinskij hat die Buntheit des Geschehens durch eine überaus farbige Partitur unterstrichen. Zahllose Volksmelodien aus seiner russischen Heimat, die durch französische Gassenhauer und – im Tanz der Ballerina – sogar durch ein wörtliches Zitat aus einem Wiener Walzer Josef Lanners ergänzt werden, sind hier meisterhaft eingeschmolzen.
Die größten Künstler des russischen Balletts, Nijinskij und die Karsawina, Orlow und Cecchetti, führten in der Choreografie von Fokin das Werk zu einem unbestrittenen Erfolg.

*Uraufführung: 13. Juni 1911 in Paris. Dirigent: Pierre Monteux*

## *Sacre du printemps*

*»Als ich 1910 in St. Petersburg die letzten Seiten des* FEUERVOGELS *niederschrieb, überkam mich eines Tages völlig unerwartet – denn ich war mit ganz anderen Dingen beschäftigt – die Vision einer großen heidnischen Feier: Alte, weise Männer sitzen im Kreis und schauen dem Todestanz eines jungen Mädchens zu, das geopfert werden soll, um den Gott des Frühlings günstig zu stimmen. Das war das Thema vom* SACRE DU PRINTEMPS.«
Nicht die heidnisch-grausame Handlung, sondern die musikalische Sprache Strawinskijs hat dem SACRE DU PRINTEMPS

eine Sonderstellung eingeräumt. Mit einem Radikalismus sondergleichen bricht Igor Strawinskij hier mit der Tradition.

Die meisten Themen sind kurze Floskeln aus vier Tönen. Nur die Melodie des Anfangs, vom Fagott in extremer, hoher Lage geblasen, stammt aus einem litauischen Volkslied. Das Themenmaterial wird aufgespaltet, rhythmisch verändert, zusammengeschweißt und wieder getrennt. Es gibt keine Wiederholungen im wörtlichen Sinn, keine Symmetrie. Es gibt keinen „schönen" Klang, sondern nur eine barbarische Klangexplosion. Unerbittlich treiben die Rhythmen das Geschehen voran: zum erstenmal in der Musikgeschichte siegt das rhythmische Element über das melodische.

Das unerhört Neue, das Strawinskij hier zur Diskussion stellte, wurde nicht begriffen. Die Uraufführung ging unter in einem Skandal, wie ihn Paris zuvor kaum je erlebt hatte. Die Zuschauer lachten bereits bei der Einleitung. Sie begannen zu miauen und nach dem Irrenarzt zu rufen.

Die Tänzer wußten nicht weiter. In der Kulisse stand Nijinskij und zählte laut im Rhythmus, da die Töne des Orchesters durch den allgemeinen Tumult kaum zu hören waren. Es war ein wahres Wunder, daß die Vorstellung zu Ende geführt wurde.

Achtundzwanzig Jahre später benutzte Walt Disney die Musik des SACRE in seinem Film FANTASIA für die Schilderung von der Entstehung der Welt: Vulkane brechen auf, Dinosaurier kämpfen gegeneinander, Riesenechsen kreisen in der Luft. Das SACRE wurde so zur bekanntesten Komposition Strawinskijs. Ihr Wert war längst erkannt. 1929 schrieb die Londoner TIMES, das SACRE DU PRINTEMPS sei für das 20. Jahrhundert dasselbe, was Beethovens NEUNTE für das 19. war: der geniale Ausgangspunkt für Neues, Kommendes.

*Uraufführung: 28. Mai 1913 in Paris. Dirigent: Pierre Monteux*

# Orchesterstücke, Suiten und Kantaten

Schon im Barock begnügten sich die Komponisten nicht mit den beiden musikalischen Grundformen der Sinfonia und des Concertos. Man hatte die Begriffe zuerst geprägt und dann eine Form herausgearbeitet. Die *Sonate* war anfangs nur ein „Klangstück" (lat. *sonare* = tönen) zum Unterschied von der *Kantate*, dem „Gesangstück" (lat. *cantare* = singen). Und wie sich die Begriffe von Sinfonia und Ouvertüre ursprünglich glichen, so ähneln sich auch die Concerti und die Suiten.

Bis auf den heutigen Tag gibt es Werke, die sich nicht in ein starres Schema pressen lassen. Viele von ihnen greifen auf alte Formen zurück: Das Prinzip der *Variation*, also die kunstvolle Veränderung eines Themas, wird noch heute häufig angewendet (Hindemith, Strawinskij u. a. m.). Die *Suite*, die lose Folge einer nicht begrenzten Zahl von gegensätzlichen Tanzsätzen, hat sich ebenfalls aus der Zeit des Barocks bis in unsere Tage lebendig erhalten. Alle Formprinzipien leben auch in den Konzerten für Orchester weiter, die den Gedanken einer reinen „Spielmusik" wieder aufgegriffen haben.

Eine musikalische Form hat heute fast nur noch historischen Wert: das *Oratorium*. Es gehörte einst zu den beliebtesten Musikstücken und war bis vor hundert Jahren fast noch populärer als die Sinfonie. Heute hört man selbst Händels MESSIAS nur noch selten. Dennoch gibt es zeitgenössische Oratorien (Honegger, Strawinskij, Hindemith, Haas, Egk), die häufig auf eine szenische Darstellung *(Szenisches Oratorium)* abzielen. In den Kantaten Carl Orffs, der auch den Begriff *Concerto scenico* (szenisches Konzert) neu formulierte, findet dieses Bestreben eine Erweiterung. Theater und Konzertsaal schließen heute einander nicht mehr aus.

## GEORG FRIEDRICH HÄNDEL

### *Concerti grossi*

In Italien hatte sich im Barock die Form des *Concerto* herausgebildet: ein ständiges Wechselspiel zwischen Soli und Tutti, zwischen Einzelstimmen und dem gesamten Orchester. Sie wurde in allen musikalischen Ländern aufgenommen, nachgeahmt und – von Händel wie von Bach – eigenständig abgewandelt. Händel verband in seinen zwölf Concerti grossi die italienische Concerto-Form mit der französischen Suite: er reihte Ouvertüren, Tänze, aber auch Fugen und Variationen aneinander, behielt jedoch das Prinzip der Soli und Tutti weitgehend bei. Die Satzzahl ist willkürlich: sie schwankt zwischen vier und sechs.

Das bekannteste Händelsche Concerto grosso ist das in G-MOLL (NR. 6). Es beginnt mit einem *Larghetto*, dem eine *Fuge* folgt. Der *dritte Satz* ist eine *Musette*, der *vierte* ein *Allegro*, der *fünfte* ein *Vivace*.

Der großartige, pomphafte Glanz des ausklingenden Barocks leuchtete in dieser Musik noch einmal auf, ehe er für immer verging. – Zwanzig Jahre nachdem „Mr. Handel“ diese zwölf Concerti grossi komponiert hatte, starb der Maestro in London am 14. April 1759 und wurde in der Westminster-Abtei beigesetzt. Neun Jahre zuvor war Bach gestorben, drei Jahre zuvor Mozart geboren worden.

*Händels Testament vom 1. 6. 1750*

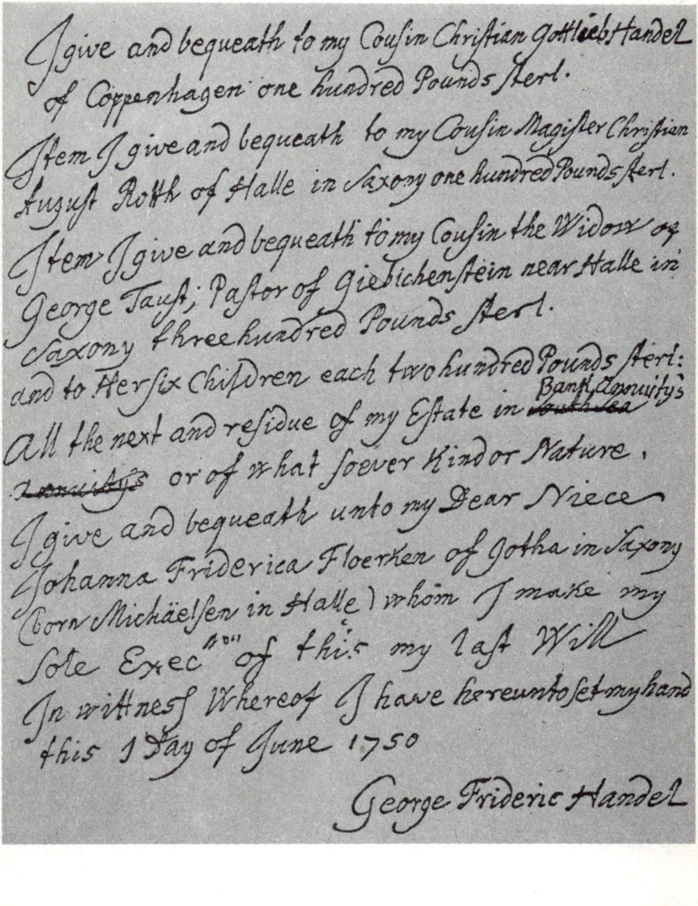
I give and bequeath to my Cousin Christian Gottlieb Handel
of Coppenhagen one hundred Pounds sterl.
Item I give and bequeath to my Cousin Magister Christian
August Roth of Halle in Saxony one hundred Pounds sterl.
Item I give and bequeath to my Cousin the Widow of
George Taust, Pastor of Giebichenstein near Halle in
Saxony three hundred Pounds sterl.
and to Her six Children each two hundred Pounds sterl:
All the next and residue of my Estate in Bank Annuity's ~~South Sea~~
~~Annuitys~~ or of what soever Kind or Nature,
I give and bequeath unto my Dear Niece
Johanna Friderica Floerken of Gotha in Saxony
(born Michaëlsen in Halle) whom I make my
Sole Exec^trix of this my last Will
In witness Whereof I have hereunto set my hand
this 1 Day of June 1750

George Frideric Handel

# JOHANN SEBASTIAN BACH

## *Die Brandenburgischen Konzerte*

Für den Markgrafen Christian Ludwig von Brandenburg schrieb Bach in seiner Köthener Kapellmeisterzeit sechs Konzerte, die sich an italienische Vorbilder anlehnten, das Concerto-Prinzip jedoch zugunsten einer stärkeren kontrapunktischen Verflechtung weitgehend vernachlässigten. Die BRANDENBURGISCHEN sind somit etwas ganz Eigenes geworden. Man könnte sie fast eine Vorahnung der Prinzipien der altklassischen Sinfonie nennen.

Die Besetzung wechselt von Konzert zu Konzert. NR. 1 (F-DUR) ist für zwei Hörner, drei Oboen, Violinen und Violen geschrieben. In NR. 2 (F-DUR) stehen Trompete, Flöte, Oboe und Solo-Violine den Streicher-Tutti gegenüber, die durch ein Continuo (Cembalo) gestützt werden.

Am häufigsten hört man im Konzertsaal das BRANDENBURGISCHE KONZERT NR. 3 (G-DUR). Es wird ausschließlich vom Streichorchester mit Cembalo bestritten. Aus dem Tutti lösen sich immer wieder drei Soli-Gruppen, die untereinander konzertieren, sich jedoch ebenso häufig mit dem Tutti vereinigen.

Das Thema des *ersten Satzes* kommt mit allem Glanz und aller barocken Pracht daher:

Eigenartigerweise ist das übliche *Adagio (zweiter Satz)* nur durch zwei volle Akkorde angedeutet, die Zäsur und Brücke zugleich bedeuten. Im raschen $^{12}/_{8}$-Takt wickelt sich der *Schlußsatz* fast wie ein Rondo ab: eine herrliche, unbeschwerte Spielmusik.

*Das Weihnachtsoratorium von Johann Sebastian Bach. Erste Seite der Original-Partiturhandschrift*

KONZERT NR. 4 (G-DUR) wird von zwei (Block-) Flöten und einer Solovioline beherrscht. Die Tutti werden von den Streichern und dem Cembalo übernommen. Der *Schlußsatz* ist eine *Presto-Fuge*.

NR. 5 (D-DUR) verwendet erstmalig das Cembalo als Solo-Instrument, das hier vor allem im *ersten Satz* dominiert.

Flöte und Geige, die beiden anderen Solo-Instrumente, müssen dabei zurücktreten: ihnen ist der langsame *zweite Satz* vorbehalten. Das abschließende *Allegro* ist dreiteilig.

NR. 6 (B-DUR) ist wegen seiner ungewöhnlichen Originalbesetzung – zwei Violen, zwei Gamben, Violoncello, Kontrabaß und Cembalo – nur sehr selten zu hören.

## JOHANNES BRAHMS

### *Variationen über ein Thema von Haydn*

Bei einem Freunde sah Brahms im Herbst 1870 die Handschrift einer Feldpartita, die Joseph Haydn für den Bläserchor der Soldaten des Fürsten Esterházy komponiert hatte. Brahms, durch die ungewöhnliche Besetzung (zwei Oboen, zwei Hörner, drei Fagotte und Serpent) und die Harmonisierung gefesselt, notierte sich die zweite Nummer der Partita, die die Überschrift CHORALE ST. ANTONI trug und wahrscheinlich einem alten burgenländischen Wallfahrerlied nachgebildet war.

Dieser Choral bildet das Thema seiner HAYDN-VARIATIONEN. Achtmal wird es kunstvoll abgewandelt, auf verschiedene Instrumentengruppen verteilt und rhythmisch verändert. Das *Finale (Andante)* benutzt das leicht veränderte Thema für eine Passacaglia: Es durchzieht diesen Satz immer wieder, bis das Grundthema noch einmal in leuchtender Klarheit erklingt und eine kurze Stretta den wirkungsvollen Abschluß bringt.

*Uraufführung: 2. November 1873 in Wien. Dirigent: Johannes Brahms*

# MAX REGER

## *Variationen und Fuge über ein Thema von Mozart*

Das bekannte Thema aus Mozarts A-DUR-SONATE hat Max Reger meisterhaft abgewandelt:

Es wird zunächst von Streichern und Holzbläsern vorgeführt, dann jedoch in acht Variationen zerpflückt, neu harmonisiert, von Dur nach Moll gebracht und erweitert. Dabei läßt Reger all seine kontrapunktischen Künste spielen. Die *neunte Variation* ist eine Fuge, in der das Thema folgende Gestalt angenommen hat:

Auf ihrem Höhepunkt bringen die Trompeten das Urthema als Cantus firmus.

*Uraufführung: 5. Februar 1915 in Berlin. Dirigent: Max Reger*

# RICHARD WAGNER

## *Siegfried-Idyll*

Von einer FAUST-OUVERTÜRE und verschiedenen Gelegenheitsarbeiten abgesehen, hat Richard Wagner nichts für den Konzertsaal geschrieben. Alle berühmten „Nummern" sind seinen Opern entlehnt: sie mußten häufig erst einen eigenen Konzertschluß erhalten, um außerhalb des Theaters aufgeführt werden zu können.

Auch das SIEGFRIED-IDYLL ist ursprünglich nicht für den Konzertsaal gedacht gewesen. Es war eine ganz persönliche Huldigung an Frau Cosima, die ihm den Sohn Siegfried geboren hatte. Am frühen Morgen des 25. Dezember 1870 erklang das Werk, von Wagner selbst dirigiert, im Treppenhaus von Triebschen bei Luzern.

Aus dem zweiten, vor allem aber aus dem dritten Akt des SIEGFRIED hat Wagner dieses Idyll geformt. Die Grundmelodie ist die gleiche, die Brünhilde anstimmt: „Ewig war ich, ewig bin ich."

Der Mittelteil stützt sich auf „O Siegfried, Herrlicher! Hort der Welt!" und das Hornthema auf „Lachend erwachst du, Wonnige, mir!" Auch der Gesang des Waldvogels dringt in die zarte Idylle (für kleines Orchester instrumentiert).

Die Vollendung der SIEGFRIED-Partitur war durch diese

Gelegenheitskomposition offenbar hinausgezögert worden: der 3. Akt wurde erst am 4. Februar 1871 abgeschlossen.

*Uraufführung: 25. Dezember 1870 in Triebschen. Leitung: Richard Wagner*

*Erster Brief Richard Wagners an König Ludwig II. von Bayern*

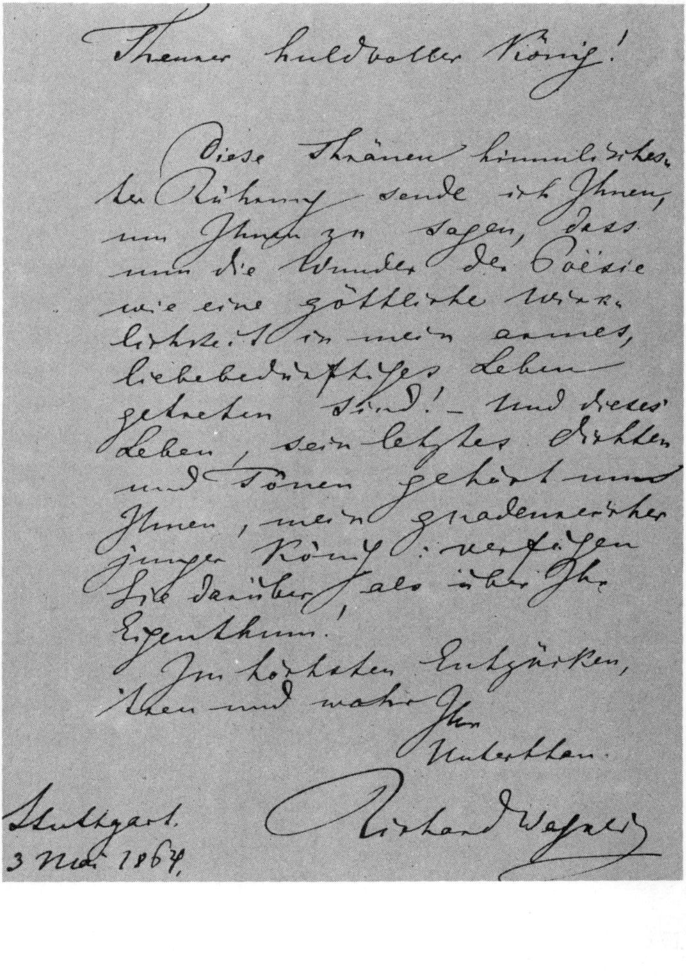

Theurer huldvoller König!

Diese Thränen himmlischester Rührung sende ich Ihnen, um Ihnen zu sagen, dass nun die Wunder der Poësie wie eine göttliche Wirklichkeit in mein armes, liebebedürftiges Leben getreten sind! – Und dieses Leben, sein letztes Dichten und Tönen gehört nun Ihnen, mein gnadenreicher junger König: verfügen Sie darüber, als über Ihr Eigenthum!

Im höchsten Entzücken, treu und wahr Ihr Unterthan.

Richard Wagner

Stuttgart.
3 Mai 1864.

# ALEXANDER BORODIN

## *Polowetzer Tänze aus »Fürst Igor«*

Nur im alten Rußland war es möglich, daß man im Hauptberuf Chemiker und nebenbei musikalisches Genie sein konnte, wie es bei Alexander Borodin (1834–1887) der Fall war. Borodin war Autodidakt. Er hat zwei Sinfonien, zwei Streichquartette, eine Tondichtung (STEPPENSKIZZE AUS MITTELASIEN) sowie mehrere Lieder geschaffen und in ungeordneten Skizzen auch eine Oper – FÜRST IGOR – hinterlassen. Er hatte die wichtigsten Teile seinen Freunden Rimskij-Korssakow und Alexander Glasunow so häufig vorgespielt, daß diese nach seinem Tode nur wenig Mühe hatten, die Skizzen zu einem vollgültigen Werk zusammenzufügen. Die Oper, deren Handlung im 12. Jahrhundert spielt, hat sich nicht recht durchsetzen können. Aber die großartigen Tanzszenen aus dem zweiten Akt sind als die POLOWETZER TÄNZE weltberühmt geworden. Rimskij-Korssakow hat sie bearbeitet und teilweise neu instrumentiert. Sie sind auf asiatischer Volksmusik aufgebaut und in ihren Melodien und Rhythmen von elementarer Wirkung.

Alexander Borodin hatte übrigens einen seiner besten Fürsprecher in Franz Liszt gefunden, der diese russische Musik als einer der ersten für Deutschland entdeckte.

## GEORGES BIZET

*L'Arlésienne*

Bevor Bizet seine Oper CARMEN begann, vollendete er die Partitur zu L'ARLÉSIENNE, eine Schauspielmusik zu Daudets gleichnamigem Stück. Die wirkungsvollsten Nummern wurden später von einem Freund des Komponisten zu zwei Suiten zusammengestellt. Die erste enthält: *Marsch*, *Menuett*, *Adagio* und *Carillon* (Glockenspiel), die zweite: *Pastorale*, *Intermezzo*, *Menuett* und *Farandole*. Provenzalische Melodien und Rhythmen, schlagkräftige Einfälle, die sofort im Ohr haften, zeichnen besonders die zweite Suite aus. Teile von ihr werden häufig als Füllmusik im vierten Akt von CARMEN verwendet.

## GUSTAV MAHLER

*Das Lied von der Erde*

Gustav Mahler hat sein LIED VON DER ERDE nie gehört: Das Werk, als Abschied von der Welt komponiert, erklang zum ersten Male ein halbes Jahr nach seinem Tode.
Mahler legte dieser Komposition, die man als eine *sinfonische*

*Suite mit Text* bezeichnen könnte, Nachdichtungen chinesischer Lyriker, vor allem Li-tai-pes, zugrunde. Ihnen allen ist eine gewisse Schwermut zu eigen, eine Wehmut, die Mahler, der um seinen baldigen Tod wußte, durch seine Klangwelt noch verstärkte.
*Das Trinklied vom Jammer der Erde:* Mit einem *Allegro pesante* beginnt der Zyklus, der für Tenor und Alt (oder Bariton) mit Orchester geschrieben ist:

> »*Wenn der Kummer naht,*
> *liegen welk die Gärten . . .*«

Die melancholische Stimmung wird mit diesen Worten festgelegt. Sie verstärkt sich noch im zweiten Stück: *Der Einsame im Herbst.* Hier sind es vor allem die Zeilen:

> »*Ja, gib mir Ruh!*
> *Ich hab' Erquickung not . . .*«

in denen sich Mahlers Abschiednehmen ergreifend ausdrückt. Im dritten Stück jedoch wischt er die Traurigkeit beiseite. Es trägt den Titel *Von der Jugend* und hat den Charakter eines Scherzettos: »*In einem Pavillon aus grünem und weißem Porzellan . . .*«
*Von der Schönheit* heißt das nächste Stück: Junge Mädchen pflücken am Ufer des großen Flusses Lotosblumen. Am anderen Ufer tummeln sich die Jünglinge auf ihren Rossen und wechseln mit den Mädchen Blicke. Ein menuettartiges Motiv, von Streichern und Flöten vorgetragen, charakterisiert die Mädchen, ein phantastischer Marsch (mit Mandoline und Tamburin) die Jünglinge.
*Der Trunkene im Frühling* fragt sich, fragt die Welt, warum man sich noch viel plagen soll, wenn das Leben vielleicht doch nur ein Traum ist. Er meint: »*Was geht mich denn der Frühling an, laßt mich betrunken sein!*« Aber er wird dennoch vom Lenz überwältigt, der plötzlich »*kommen über Nacht*«*!*

Ein größeres Orchesterzwischenspiel leitet zum letzten Stück über: *Der Abschied.*

> »*Wohin ich geh', ich wandre in die Berge.*
> *Ich suche Ruhe für mein einsam' Herz.*«

Mahlers große Klangphantasie zeigt sich hier noch einmal in einer wundervollen, abgeklärten Schönheit. Wenn DAS LIED VON DER ERDE in eigenartigen Klängen von Celesta, Harfe und Mandoline verweht, hat eines der ergreifendsten musikalischen Selbstbekenntnisse seinen Ausklang gefunden.

*Uraufführung: 19. November 1911 in München. Dirigent: Bruno Walter*

## LEOŠ JANÁČEK

*Sinfonietta*

Die SINFONIETTA ist das letzte große Orchesterwerk Janáčeks, dessen Bedeutung für die musikgeschichtliche Entwicklung erst in unserer Zeit, rund dreißig Jahre nach seinem Tode, voll erkannt wird. Janáček, 1854 im Ostzipfel Mährens geboren, hat – noch vor Debussy – die Akkorde frei, das heißt, ohne Rücksicht auf klassische Harmonie-Beziehungen ver-

wendet: er ist damit einer der großen Baumeister am Fundament der neuen Musik.
In der fünfsätzigen SINFONIETTA (1926) stützt sich Janáček, seiner Eigenart entsprechend, auf die mährische Volksmusik. Das Werk beginnt mit einer fanfarenartigen *Intrada*, einer hymnischen Eingangsmusik, auf die ein tänzerisches *Allegretto* folgt. Während im *ersten Satz* die Blechbläser dominieren, geben die Holzbläser und Streicher dem *Allegretto* das Gepräge. Sehr lyrisch und verhalten beginnt der *dritte Satz (Moderato)*. Derbe Blechbläser-Akkorde lassen jedoch keine allzu weiche Stimmung aufkommen. Im *vierten Satz (Allegretto)* ist es umgekehrt. Hier beginnt die Trompete mit einem lustigen, kecken Fanfarenthema, dem eine breite, lyrische Streicher-Episode gegenübergestellt wird, die das scherzhafte Grundthema seiner ursprünglichen Derbheit entkleidet. Es wird von allen Instrumentengruppen aufgenommen, bis es in einer sehr schwungvollen Koda verklingt. Der *letzte Satz (Allegro)* beginnt zunächst sehr zart und verhalten. Allmählich aber steigert er sich zu einem kraftvollen Höhepunkt, auf dem die Fanfarenmotive der Intrada wieder aufgenommen werden, die somit das Werk umschließen.

*Uraufführung: 1926 in Prag. Dirigent: Vaclav Talich*

## BÉLA BARTÓK

### *Konzert für Orchester*

Vier Jahre lang, von 1939 bis 1943, hatte Béla Bartók nicht mehr zu komponieren vermocht. Die schweren politischen Erschütterungen des europäischen Kontinents hatten ihn schwer getroffen. Als er nach Amerika emigrierte, ohne dazu durch etwas anderes gezwungen zu sein als durch seine unabdingbare Auffassung von persönlicher und schöpferischer Freiheit, machte sich eine tödliche Krankheit zum ersten Male bemerkbar. In einem New-Yorker Spital erhielt Bartók, von den Ärzten so gut wie aufgegeben, eines Tages den Besuch des Dirigenten Serge Koussewitzkij, der bei ihm eine Komposition für das berühmte Boston-Sinfonie-Orchester bestellte.

Diese Aufgabe gab Bartók vorübergehend wieder alle Kraft zurück. In knapp zwei Monaten entstand das KONZERT FÜR ORCHESTER, ein fünfteiliges Werk, das im Grunde nur durch die unverwechselbare Instrumentation Bartóks zusammengehalten wird. In der *Introduzione* bringen die Celli und Kontrabässe das sechstaktige Grundmotiv, das im Schlußsatz noch einmal aufgenommen wird. Im Mittelpunkt des *ersten Satzes* steht ein *Allegro-vivace*-Thema.

*Giocoso delle coppie* (Scherz der Bläserpaare) hat Bartók den *zweiten Satz* genannt. Das Thema wird jedesmal von zwei Instrumenten der gleichen Gruppe vorgetragen, und zwar: von den Fagotten in Sexten, den Oboen in Terzen, den Klarinetten in Septimen und den Flöten in Quinten. Dann folgt als Mittelteil ein Blechbläser-Choral. Der Anfang wird sodann nach der Formel A-B-A wiederholt.

Auf eine *Elegia* folgt der wirkungsvollste Satz: *Intermezzo interrotto* (Unterbrochenes Ständchen). Es bedarf mit seinen Anklängen an Tschaikowskij und Lehár, die natürlich ironisch gemeint sind, keiner besonderen Erklärung. Im *Finale* brennt Bartók noch einmal ein Brillantfeuerwerk seiner Einfälle ab. Nach einer Blechbläser-Fanfare beginnen die Streicher mit einer unruhig dahinjagenden Sechzehntelfigur.

Der Satz mündet schließlich in ein großes *Fugato*, dem das Anfangsthema zugrunde liegt.

*Uraufführung: Sommer 1945 in New York. Dirigent: Serge Koussewitzkij*

## *Musik für Saiteninstrumente, Schlagzeug und Celesta*

In diesem einen Werk, das 1936 entstand, hat Béla Bartók die gegensätzlichsten Stilprinzipien der Neuen Musik – Diatonik, ungarische Volksmusik, Zwölftonprinzipien, impressionistische Klangeffekte und eine fast „nüchterne", lineare Orchestrierung – zu einer Einheit zusammengeschmolzen.
Bartok teilt das Streichorchester in zwei Gruppen, die er dem Schlagzeug gegenüberstellt. Hierzu zählen nicht nur Pauken (bei denen wohl zum ersten Male der Glissando-Effekt angewandt wurde), Trommeln, Xylophone und Becken, sondern auch Klavier, Celesta und Harfe.
Im *ersten Satz (Andante tranquillo)* entwickelt Bartók eine Art Zwölfton-Fuge. Beim ersten Auftreten umfaßt das Thema sechs chromatische Töne, beim zweiten Mal weitere sechs, so daß sich jeweils nach zweimaligem Erscheinen des Themas die zwölf Stufen der chromatischen Tonleiter ergeben. Es wird streng durchgeführt, umgekehrt, gespiegelt und erscheint in der Koda noch einmal über seiner eigenen Umkehrungsform.
Das Spiel der Celesta hellt die strenge, nüchterne und dennoch niemals akademisch wirkende Fuge impressionistisch auf.
Der *zweite Satz (Allegro)*, der sich an die Sonatenform hält, wird von einem raschen Rhythmus bestimmt. In der Durchführung wird auf eine Variante des Fugenthemas aus dem ersten Satz zurückgegriffen. Der Rhythmus wechselt in der Reprise: das $^2/_4$-Thema wird in $^3/_8$ aufgelöst.
Der *dritte Satz (Adagio)* ist „in Brückenform" komponiert. Bartók selbst hat diesen Ausdruck geprägt. Das Schema ist A-B-C-B-A: zwischen den einzelnen Teilen steht jeweils als Pfeiler ein Fragment des Fugenthemas aus dem ersten Satz. Der Rhythmus dominiert: die Schlagzeuginstrumente eröffnen und beschließen diesen Teil.

Im folgenden *Allegro molto* schlägt Bartók zunächst ganz andere Töne an; er reiht Tanzmelodien aus der Volksmusik aneinander. Gegen Satzende erscheint das Fugenthema, das somit alle vier Sätze durchzieht, nicht in seiner ursprünglichen chromatischen, sondern in diatonischer Form.

*Uraufführung: 21. Januar 1937 in Basel. Dirigent: Paul Sacher*

## MAURICE RAVEL

### *Boléro*

»*Im Jahre 1928 habe ich auf Ersuchen von Mme. Rubinstein einen Boléro für Orchester komponiert. Es ist ein Tanz in sehr gemäßigter Bewegung und stets gleichförmig, sowohl in der Melodie und der Harmonie wie auch im Rhythmus. Er wird durch die Trommel unaufhörlich markiert. Das einzige Element der Abwechslung bringt das orchestrale Crescendo.*« Mit diesen nüchternen Worten hat Ravel eine seiner populärsten Kompositionen beschrieben. Was für ihn eine hübsche Spielerei, ein amüsantes Experiment gewesen war, sollte für spätere Komponisten ein Vorbild werden: der BOLERO ist „statische Musik". Die beiden Tanzthemen werden achtzehnmal wiederholt, sie bleiben dabei völlig unverändert. Nur die Orchestrierung wechselt. Die Trommel markiert zunächst im Pianissimo den Rhythmus. Dann bringt die Flöte die gassenhauerhafte Melodie. Ravel nannte sie eine »*unpersönliche Volksweise der üblichen spanisch-arabischen Gattung*«. Mit jeder Wiederholung kommt ein neues Soloinstrument hinzu. Es entsteht »*ein erstaunliches Karussell der Klänge*«. Höhepunkt und Ende fallen zusammen: Nach etwa siebzehn Minuten ist eine Steigerung des Orchester-Crescendos nicht mehr möglich.

Ravel kommentierte: *»Es handelt sich um ein Experiment in einer ganz eigenen Richtung, und man darf nicht meinen, es ziele darauf ab, etwas anderes oder mehr zu erreichen, als es tatsächlich erreicht. Ich habe genau das getan, was ich mir vorgenommen hatte, und nun steht es bei den Zuhörern, es damit zu halten, wie sie wollen.«*

*Uraufführung: 20. November 1928 in Paris. Dirigent: Walter Straram*

## PAUL HINDEMITH

*Mathis, der Maler*

In der Gestalt des Malers Matthias Grünewald hat Paul Hindemith sein Bekenntnis über die schöpferische Aufgabe und Verantwortlichkeit in einer Oper abgelegt. Und drei Tafeln des Isenheimer Altars – *Engelskonzert*, *Grablegung* und *Die Versuchung des heiligen Antonius* – wurden ihm zum Gegenstand einer musikalischen Reflexion: ihr Sinngehalt, nicht ihr Geschehen ist das „Programm" dieser dreiteiligen Sinfonie.

Durch das *Engelskonzert*, das mit der Ouvertüre zur Mathis-Oper identisch ist, zieht sich das alte Lied „Es sungen drei Engel ein'n süßen Gesang".

Anklänge an gregorianische Choräle, polyphone Verarbeitung der Themen führen auch musikalisch in die Reformationszeit.

In der *Grablegung* (auch *Beweinung*) wird aus einem einzigen Motiv eine machtvolle melodische Linie entwickelt. Die Holzbläser dominieren. Der Schlußakkord in seiner absoluten Dreiklang-Reinheit, der mit einer Entspannung des skandierenden Rhythmus zusammenfällt, hat etwas ungeheuer Ergreifendes.

Im *dritten Satz* schildert Hindemith die unheimlichen Visionen, die der heilige Antonius erlebte. Grünewalds Dämonen – Teufelsgeister, Ungeheuer, mißgestalte Menschen und Tiere – finden hier einen adäquaten musikalischen Ausdruck. Den Sieg des gläubigen Herzens symbolisieren die befreiende gregorianische Sequenz *Lauda Sion Salvatorem* und der wiederholte Halleluja-Ruf der Blechbläser.

Musikgeschichtlich ist diese Partitur deshalb so bedeutsam, weil in ihr im Sinne Regers und mit den Ausdrucksmöglichkeiten eines Bruckner-Orchesters Romantik und Neue Klassizität miteinander verschmolzen werden.

Auch für das Schaffen Paul Hindemiths selbst bedeutet die „Mathis"-Musik einen markanten Einschnitt. Der Komponist, der Anfang der zwanziger Jahre als eine der stärksten Begabungen die Grundlagen für eine neue, „unromantische" Musik schaffen half (die man mit dem törichten Begriff „atonal" belegte), ist mit diesem Werk zu einer Tradition zurückgekehrt, die er auf seine Weise mit einem neuen, schöpferischen Inhalt zu erfüllen wußte.

*Uraufführung: 12. März 1934 in Berlin. Dirigent: Wilhelm Furtwängler*

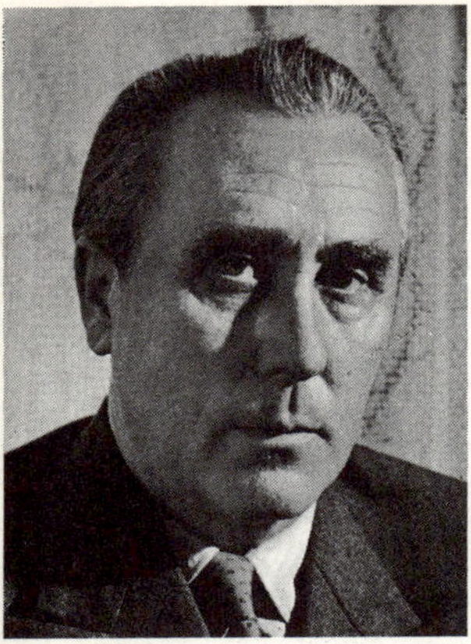

## WERNER EGK

### *Französische Suite*

Werner Egk, geboren 1901 in einem kleinen schwäbischen Bauerndorf nahe bei Augsburg, hat schon immer eine besondere Vorliebe für das Romanische bezeugt. Sein Ideal ist die „Clarté", die Klarheit der Konturen, die weder Zufälligkeiten noch „Stimmungen" duldet.

In seiner FRANZÖSISCHEN SUITE hat Egk fünf Klavierstücke von Rameau (gest. 1764) in seine Sprache übersetzt. Er behielt ihre Grundstruktur, zum Teil auch die Melodie der Themen bei, aber er verwendete sie nur als Grundelemente für neue Konstruktionen. Es handelt sich also weder um Variationen noch um eine bloße Orchester-Instrumentation, sondern um eine Neuschöpfung, in der sich dennoch der spielerisch-anmutige und witzige Geist Rameaus erhalten hat.

Der *erste Satz*, *Le Rappel des Oiseaux* (Die Versammlung der Vögel), gibt Egk Gelegenheit, seine instrumentale Phantasie spielen zu lassen. *Gigue en Rondeau* (Rundtanz) heißt der *zweite Satz*, *Les tendres Plaintes* (Zärtliche Klagen) der *dritte*, der mit seiner lyrischen Verhaltenheit und seinen ausgesponnenen Melodien zum Schönsten der Suite gehört. Wirkungsvoller allerdings sind die darauffolgenden *Veni-*

*tienne* (Venetianischer Tanz) und *Les Tourbillons* (Wirbelstürme), die mit einer vehementen Kraft alles mitreißen. Bei allem Wirbel bleibt jedoch die Form – ein klassisches Rondo – immer gewahrt. Meisterhaft ist hier dem großen klassischen „Compositeur du cabinet" – Rameau erhielt den Titel von Ludwig XV. – ein Denkmal gesetzt worden.

*Uraufführung: 28. Januar 1958 in München. Dirigent: Eugen Jochum*

## CARL ORFF

*Trionfi:*
*Carmina burana*
*Catulli carmina*
*Trionfo di Afrodite*

Mit seinen CARMINA BURANA hat Carl Orff eine neue Form des elementaren Musiktheaters geschaffen. Das Werk ist ursprünglich nicht für den Konzertsaal bestimmt gewesen. Es war vielmehr als Ausgangspunkt für eine szenische Darstellung gedacht, die der Komponist jedoch im Detail nicht vorschreibt. Er überläßt sie vielmehr der Phantasie der Regisseure.
Erst später hat Orff die CARMINA BURANA mit den CATULLI CARMINA und dem TRIONFO DI AFRODITE zu einem großen Triptychon zusammengefügt, ohne daß die Selbständigkeit der einzelnen Teile angetastet worden wäre.

## *Carmina burana*

Der Name geht auf eine Liederhandschrift zurück, die im Kloster Benediktbeuren aufbewahrt wurde und lateinische, mittel- und althochdeutsche Liebes- und Vagantenlieder enthält. Orff hat einige von ihnen ausgewählt und in Musik gesetzt.

I. *Fortuna imperatrix mundi*, Fortuna, Herrscherin der Welt – die Glücksgöttin – wird in einem großen Einleitungschor angerufen. In einem Strophengesang wird das symbolische Bild des beständig sich drehenden Schicksalsrades weiter ausgesponnen: „O Fortuna, deine Launen wechseln wie des Mondes Bild."

II. *Primo vere* (Im Frühling): Ein zarter, hymnischer Chor, nur von Holzbläsern, Schlagwerk und Klavier begleitet, beschwört die frühlingshafte Welt. Eine Solostimme (Bariton) nimmt den Gedanken auf: „Alles verklärt die Frühlingssonne, alles, auch die Liebe – omnia sol temperat." Mit dem Jubel über den machtvollen Ruf der Liebesgöttin („iussu Cypridis") endet eine weitere Frühlingshymne, deren Glockenmotiv refrainartig wiederkehrt. Ein Tanz im wechselnden Rhythmus leitet über zum nächsten Abschnitt.

III. *Uf dem Anger:* Die lateinischen Verse gehen ins Althochdeutsche über: „Nach mîn gesellen ist mir wê." In dem Lied „Chramer, gip die varwe mir" (Kramer, gib mir die rote Farbe für meine Wangen) wechseln ein Summchor und ein kleiner Chor miteinander ab, bis eine *Reie*, ein Reigentanz, überleitet zu einem derben Spottlied auf die jungen Mädchen, die diesen Sommer ohne Mann sein wollen. („Swaz hie gat umbe.")

Das innigste altdeutsche Liebeslied „Chume, chum, geselle mîn“, nur von liegenden Streicherakkorden und einer Flötenmelodie begleitet, unterbricht das Spottlied, das noch einmal aufklingt, ehe helle Fanfaren zur Lobpreisung der „Chünegin von Engellant“ – der Maienkönigin – aufrufen.

IV. *In taberna* (In der Schenke): Noch ist der Zecher allein, der sich brüstet, stets mehr für seinen Leib als für seine Seele getan zu haben. Dann aber naht die Kumpanei und bringt einen gebratenen Schwan herein, der laut sein trauriges Los – braunschwarz gebrannt zur Tafel getragen zu werden – beklagt (Tenor im Falsett). Ein weinfroher Herr gebärdet sich, als wäre er „abbas cucaniensis“, ein Abt aus Kukanien, dem mittelalterlichen Schlaraffenland. Mit einer großen Saufmette („In taberna quando sumus“) schließt dieser Mittelteil der CARMINA BURANA.

V. *Cour d'amour* (Liebeshof): Ragazzi (Pagen) singen vor ihrer Herrin von der Allgegenwart Amors. Ein Liebender beklagt sein Los und versucht, seiner Werbung durch gewagte Koloraturen wie durch altfranzösische Sprachfloskeln höfisches Gewicht zu verleihen. Es folgt das Locklied des „Mädchens im roten Hemdlein“, dann das Werbelied eines jungen Mannes, der den Augenblick herbeisehnt, da er die „vincula virginea“, die jungfräulichen Fesseln, wird sprengen dürfen. Sodann singen sechs junge Leute (a cappella) keck von den Freuden der Liebe.

Das Liebeswerben wird heftiger, leidenschaftlicher. Noch ist die junge Frau unentschlossen, aber die Waage der Gefühle („trutina mentis“) neigt sich doch dem Unabänderlichen zu. Nun rufen Soli und Chor in einem großen Tanzlied zur allgemeinen Freude auf. Fünfmal wiederholt sich der Refrain: „Ach, wie blühet es aus mir ... (oh, oh, oh, totus floreo).“ Mit einem innigen Rezitativ ergibt sich die junge Frau ganz dem geliebten Manne. Machtvoll erklingt das „Ave formosissima“ auf Blanziflor und Helena, auf die Verkörperungen des mittelalterlichen und des antiken Schönheitsideals und auf „Venus generosa“.

VI. *Fortuna imperatrix mundi* (Das Glück beherrscht die Welt): Das große Schicksalsrad hat sich einmal um sich selbst gedreht, das Werk endet, wie es begann, mit der Anrufung Fortunas, Herrscherin der Welt.

## *Catulli carmina*

In der Mitte des Trionfi-Triptychons stehen die CATULLI CARMINA, die Lieder des Catull. Während in den CARMINA BURANA wie auch im TRIONFO DI AFRODITE anonyme Gestalten sinnbildgleich das Geschehen tragen, stehen hier der römische Dichter und die von ihm mit aller Leidenschaft geliebte Lesbia vor uns. – In diesem Werk werden nur die Rahmenchöre von Klavieren und Schlagwerk begleitet: der Hauptteil bleibt a cappella.

In der Einleitung beschwören Jünglinge und Mädchen das große Verlangen, verpfänden sich der Liebe für ewig („eis aiona“). Aber die boshaften Greise verhöhnen ihren Schwur: nichts auf Erden währet „ewig“. Die „Zeit“ sei nicht der Liebe Schlafgemach. Die Liebesgeschichte des Catull soll den Greisen recht geben, darum: „audite Catulli carmina – hört die Lieder des Catull.“ –

Es folgt die Handlung, die mit der Klage Catulls „Odi et amo – ich hasse und liebe“ beginnt: „Vivamus, mea Lesbia – Laß uns leben, Lesbia.“ Catull entschlummert in Lesbias Schoß. Sie macht sich frei und tanzt vor den lüsternen Liebhabern in der nahen Schenke. Der erwachende Catull verzweifelt. Die Greise jedoch, die sich bestätigt sehen, spenden Beifall: „Placet, placet optime! – So war es gut! Bestens!“ – Catull schläft vor Lesbias Haus. Träumend sieht er die Ge-

liebte und sich selbst auf dem Lager. Aus seinem Wahne jäh aufgeschreckt, schmäht er die Welt. Und wieder beklatschen die hämischen Greise die Enttäuschung des Liebenden.
Vor dem klagenden Catull zeigt sich die kleine, frivole Ipsitilla. Rasch entflammt, schreibt ihr der Dichter eine Liebesbotschaft. Aber Ammiana, eine alte, lüsterne Buhlerin, beansprucht Catull für sich. Er wird sie nur mit Mühe los. Alle Begegnungen sind ihm nur Zerstreuung. Unter allen Gestalten sucht er immer nur die eine: Lesbia. In seiner grenzenlosen Haßliebe löst er sich innerlich von ihr: Als sie, die so Ersehnte, wieder vor ihm steht, stößt er sie zurück.
Das gleichnishafte Spiel, das den Jünglingen und Mädchen die Fragwürdigkeit aller Liebesschwüre zeigen sollte, hat jedoch ihr Verlangen nur noch stärker entfacht. Mit dem ekstatischen Ruf: „Ascendite faces – entzündet die Fackeln!" eilen sie einander entgegen.

## *Trionfo di Afrodite*

Den rechten Triptychon-Flügel bildet der TRIONFO DI AFRODITE. Aus Versen des Catull, der Sappho und des Euripides (in den Ursprachen) erwächst hier der Triumph der Aphrodite aus einer kultischen Hochzeitsfeier.
Mit einem Harfenglissando hebt der große Wechselgesang der Jungfrauen und Jünglinge an den Abendstern, den Liebesstern, an. „Vesper adest – der Abend ist da." Braut und Bräutigam (sposa und sposo) werden erwartet. – Es folgen nach Versen der Sappho der Hochzeitszug und die Ankunft von Sposa und Sposo. Das Brautgemach wird errichtet – Zwiesprache der Liebenden.
Nachdem der Chor die Chariten, die Dienerinnen Aphrodites, angerufen hat, wird das Verlöbnis mit dem Schwur „eis aei – für immer" besiegelt.

Der Chor preist Hymenaios, den Hochzeitsgott. Es folgen Spiele und Gesänge vor dem Brautgemach. Die Braut wird hereingeleitet. Der Chorführer stimmt ein Spottlied auf die Vergangenheit des Bräutigams an. Dann wird die Braut in die Hochzeitskammer geführt, der Gatte herbeigeholt und die Pforte geschlossen. Der Chorführer beschwört das Paar: „Exercete juventam! – Nützt eure blühende Jugend!"
Die Jungvermählten sind allein. Aus der Hochzeitskammer ertönt ihr ekstatischer Gesang: „Weißer als Milch, weicher als Wasser, süßer tönend als Saitenspiel . . . Mutwilliger als ein Pferd, zarter als Rosen, schmiegsamer als ein fließendes Gewand. Goldener als Gold . . ."
Im Triumph erscheint Aphrodite. Über alles, was die Erde nährt und die strahlende Sonne sieht, herrscht nur sie allein. Mit diesem Chor nach Euripides schließt der Zyklus der TRIONFI von Carl Orff.

*Uraufführung des gesamten Trionfo: 14. Februar 1953 in Mailand. Dirigent: Herbert von Karajan*

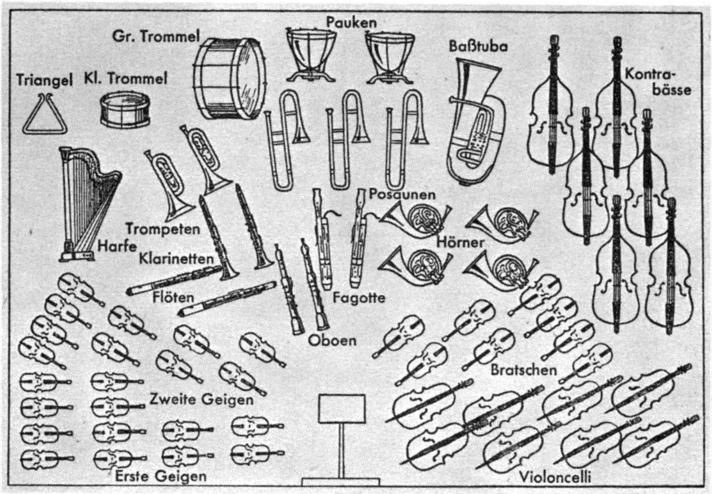


*Normale Gruppierung des Sinfonieorchesters*

# Die Instrumente des Orchesters

Der Text und die Abbildungen dieses kleinen Anhanges sollen dazu dienen, das Erkennen der Instrumente am Klang und an der Form zu erleichtern. Wir haben hier nur eine geringe Auswahl der gebräuchlichsten Instrumente des heutigen Orchesters getroffen und bewußt auf eine ausführliche Besprechung aller Musikinstrumente verzichtet, die allein einen ganzen Band füllen könnte.

Das Sinfonieorchester ist ein *gemischtes Streichorchester*. Es enthält neben den fünf Streichergruppen noch Holz- und Blechbläser, gelegentlich noch Harfe und andere Instrumente. Das *Opernorchester* setzt sich ähnlich zusammen.

***Die Orgel** (griech. organon = Werkzeug)*

Ein Tasteninstrument, dessen Klaviatur durch Druck auf die Tasten dem durch einen Blasebalg erzeugten Luftdruck den Weg zu den Orgelpfeifen öffnet. Die drei Hauptteile sind der Spieltisch mit dem Registerwerk, das Pfeifenwerk (Zungen- und Flötenpfeifen) und das Windwerk.

Die Orgel ist das komplizierteste und größte unserer heutigen Instrumente, mit dem größten Tonumfang und der stärksten Tongebung. Die reiche Farbigkeit des Klanges wird durch zahlreiche Register erreicht.

Entstanden ist die Orgel im späten Altertum unter Zugrundelegung der Pansflöte. Nach Deutschland gelangte das erste Instrument im Jahre 757. Bis in die Neuzeit hinein wurde die Orgel nur im kirchlichen Raum gebraucht, jedoch ist sie jetzt auch in Festsälen, Theatern und Kinos anzutreffen.

***Das Klavichord** (lat. clavis = Taste, chorda = Saite)*

Das älteste, wahrscheinlich schon im 12. Jahrhundert entstandene Klavier-Saiteninstrument, bei dem die Metallsaite durch einen Metallstift angeschlagen und zum Klingen ge-

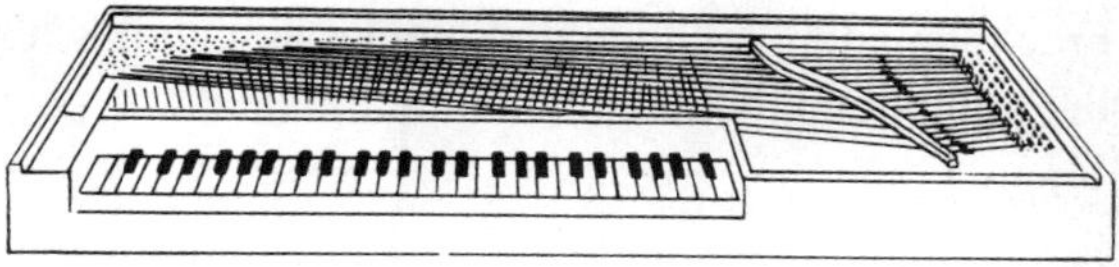

*Klavichord*

*Cembalo*

*Flügel*

bracht wurde. Der Ton war äußerst zart und schwach, jedoch besonders ausdrucksvoll.

### *Das Cembalo, Clavicembalo (engl. Harpsichord)*

Ein- bis dreimanualiges Tasteninstrument, dessen Saiten durch einen Rabenkiel angerissen werden. Es gelangte im 16. Jahrhundert zu großer Bedeutung und war das verbreitetste Tasteninstrument der Barockzeit. Sein Klang ist silbrig und rauschend. Im 18. Jahrhundert wurde es von dem Pianoforte (siehe dies) verdrängt, wird jedoch heute im Konzertsaal bei der Aufführung von Barockmusik wieder oft verwendet. Das *Spinett* ist ein kleineres Cembalo.

### *Klavier und Flügel*

Tasteninstrumente mit Hammermechanik, die am Anfang des 18. Jahrhunderts durch B. Christophori in Florenz erfunden wurden. Im 19. Jahrhundert verdrängte das Hammerklavier das bis dahin noch gebräuchliche Klavichord (siehe dieses) und das Cembalo (siehe dieses) fast ganz.
Ausgesprochenes Soloinstrument, das sich jedoch auch zur Begleitung von Gesangsstimmen und anderen Instrumenten eignet. Tonumfang meist 7½ Oktaven. – Berühmte Klaviervirtuosen: Franz Liszt (1811–1886), Edwin Fischer (geb. 1886).

## Streichinstrumente

### *Die Fidel*

Die mittelalterliche Urahne unserer heutigen Violine wurde in Armhaltung mit einem Bogen gespielt. Sie hatte 3 bis 5 Saiten und einen flachen und länglich-ovalen Körper.

Seit dem 9. Jahrhundert ist die Fidel in Westeuropa nachweisbar. Sie stammt aus Asien. In neuester Zeit wird dieses alte Instrument wieder gebaut und gern bei der Aufführung alter Musik gebraucht.

*Violine*

*Bratsche*

*Violoncello*

*Kontrabaß*

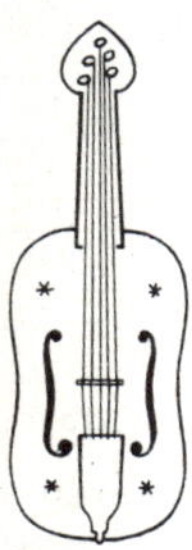

*Fidel*

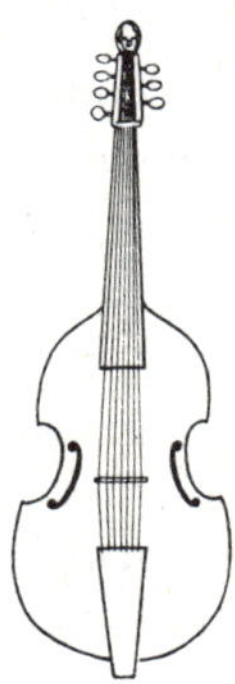

*Gambe*

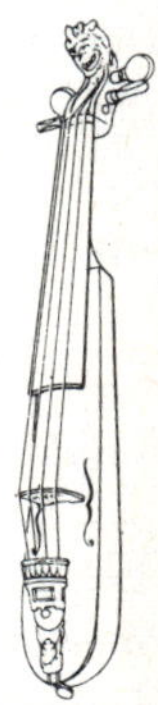

*Pochette*

### *Die Violine, Geige*

Der Sopran und das Hauptinstrument des Streicherchores und des modernen Orchesters. Sie entstand im 16. Jahrhundert aus der *lira da braccio*, die sich aus den mittelalterlichen Fideln entwickelt hatte.
Das Instrument besteht aus einem hölzernen Resonanzkörper, dem Hals und dem Bogen. Die 4 Saiten sind in Quinten gestimmt. Die berühmtesten Geigenbauer waren die Italiener Amati, Stradivari und Guarneri.
Als genialer Geigenspieler war Niccolo Paganini (1782–1840), der „Teufelsgeiger“, bekannt. Unter den heutigen Virtuosen seien nur Yehudi Menuhin, David Oistrach und Jascha Heifetz genannt.

Die *Pochette* ist eine Tanzmeistergeige, die so klein war, daß sie bequem in eine Tasche (franz. „poche“) gesteckt werden konnte.

### *Die Bratsche, auch Viola (von ital. viola da braccio = Armgeige)*

Sie entspricht im Bau der Violine, ist jedoch etwas größer und dunkler im Klang. Das Stimmen geschieht ebenfalls in Quinten, jedoch um eine Quinte tiefer als das der Violine. Im 16. Jahrhundert entstanden, trat sie an die Stelle des Altinstrumentes der Gambenfamilie.

### *Die Gambe, richtiger Viola da gamba*

Kniegeige, die einen Resonanzkörper in der Größe eines Violoncellos besitzt und zwischen den Knien gehalten wird. Ihre Heimat ist Italien. Sie hat meist einen sechssaitigen Bezug in lautenähnlicher Stimmung, einen oben spitz zulaufenden

Korpus und C-förmige Schallöcher. Ihr Klang ist milder und gedeckter als der des Violoncellos.

***Das Violoncello** (ital. = Kleine Violone)*

Meist fälschlich nur Cello genannt, ein Geigeninstrument in der tieferen Oktave der Bratsche mit 4 Saiten. Die Form entspricht der Violine, jedoch ist der Hals verhältnismäßig gedrungener. Der Bogen ist stärker und kürzer.
Das Instrument stammt aus dem 16. Jahrhundert und verdrängte im 18. Jahrhundert die bis dahin vorherrschende *Viola da gamba*. Es ist das Tenorinstrument des Streichorchesters, wird aber auch als Soloinstrument geschätzt. Bedeutende noch lebende Virtuosen sind Pablo Casals und Gaspar Cassadó.

***Der Kontrabaß, die Violone***

Der Baß ist das größte der heutigen Streichinstrumente, jedoch das jüngste Mitglied des modernen Streichorchesters. Sein Bau unterscheidet sich wesentlich von dem der Violine und Bratsche, weil er sich nicht aus der Familie der *Viola da braccio* entwickelt hat, sondern von dem Baßinstrument der Gambenfamilie herstammt.
Sein Klang ist dunkel und kräftig, in der Tiefe leicht rauh.

***Die Harfe***

Sie ist eines der ältesten Musikinstrumente und erscheint bereits auf Wandmalereien des 12. vorchristlichen Jahrhunderts.
Die moderne *Doppelpedalharfe* mit ihren 45 bis 48 Saiten

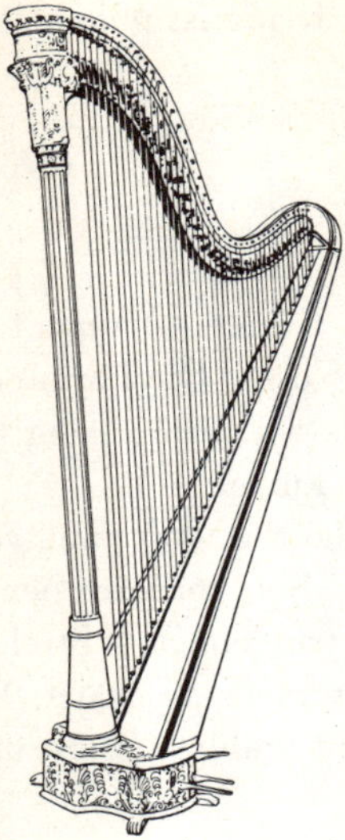

läßt sich jedoch kaum noch mit ihrem antiken Vorbild vergleichen. Sie besteht aus einem dreieckigen Metallrahmen, in den parallel zur Vorderstange die Metallsaiten gespannt sind, die mit der Hand gezupft werden. Die Saiten können durch Pedaltritte um einen halben bzw. zwei halbe Töne umgestimmt werden.

Der Klang der Harfe ist voll und klar. Sie wird fast nur im Orchester, ganz selten als Soloinstrument verwendet.

*Harfe*

## Holzblasinstrumente

***Die Flöte, Querflöte** (ital. flauto traverso)*

Ein beim Spielen quergehaltenes Holzblasinstrument mit einem Anblaseloch und weiteren Tonlöchern und Klappen. Die europäische Musikpraxis verstand unter Flöte bis zur Mitte des 18. Jahrhunderts die *Blockflöte*, seit dieser Zeit die Querflöte. Sie ist wahrscheinlich das älteste Musikinstrument. Ihr Klang ist sanft und klar, in hohen Tonlagen scharf und durchdringend. Im Orchester wird sie gern als Soloinstrument verwendet.

Die *Pikkolo-Flöte* entspricht in kleineren Dimensionen dem Bau der großen Flöte und ist das höchste Orchesterinstrument. Die äußerste Höhe wird jedoch wegen ihrer außerordentlichen Schrillheit selten gebraucht.

### *Die Klarinette*

Ein Rohrblattinstrument mit zylindrischer Bohrung und sehr großem Tonumfang. Sie wurde aus dem *Chalumeau* (Schalmei) um 1700 durch J. Chr. Denner in Nürnberg entwickelt.

*Querflöte*

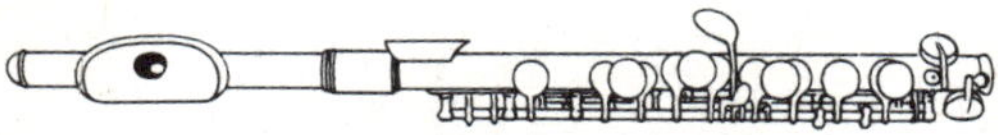

*Pikkolo-Flöte*

*Englisch-Horn*

*Klarinette*

*Fagott*

*Oboe*

In das Orchester wurde sie in der Mitte des 18. Jahrhunderts durch die Mannheimer Schule eingeführt. Ihr Klang ist in der Tiefe dunkel und hohl, in der Mittellage weich und hell. Die hohen Töne klingen oft dünn und scharf.
Man baut die Klarinette in verschiedenen Stimmungen und Größen, die in ihrem Klangcharakter voneinander abweichen. Wolfgang Amadeus Mozart war ein großer Freund der Klarinette (Klarinettenquintett, Klarinettenkonzert A-Dur), aber erst im 19. Jahrhundert wurde ihre außerordentliche Klangwirkung erkannt und angewandt.

***Die Oboe*** *(von franz. hautbois = hohes Holz)*

Ein Sopraninstrument mit gerader, konischer Holzröhre, wenig ausladendem, oft glockenartigem Schallstück und Doppelrohrblatt. Sie gehört zu den ältesten Instrumenten. Als *Aulos* war das Instrument im klassischen Griechenland verbreitet.
Ihr Klang ist näselnd und sehr durchdringend, schärfer als der Flötenklang und herber als der der Klarinette. Ihre heutige Gestalt stammt aus dem 17. Jahrhundert. In der Barockzeit trat die Oboe vielfach als Soloinstrument hervor und ist heute ein sehr ausdrucksreiches Instrument der Holzbläsergruppe.

Das *Englisch-Horn* ist eine Altoboe in F mit birnenförmigem Schallstück. Sein Ton ist weicher und melancholischer als der Oboenton.

***Das Fagott*** *(von ital. fagotto = Bündel, Paket)*

Ein Doppelrohrblattinstrument mit konischer Bohrung und geknickter Röhre. Es entstand gegen Ende des 16. Jahrhunderts und ist das Baßinstrument der Holzbläser. Sein Ton

liegt zwei Oktaven unter dem der Oboe. Beim Spielen wird das Fagott schräg nach rechts unten gehalten. Sein Klang ist, vor allem in der Mittellage, gedeckt und mild, jedoch wirkt es trockener und dunkler als die Oboe.
Das Kontrafagott ist der große Bruder des Fagotts. Es klingt eine Oktave tiefer als dieses, und sein Ton ist dunkler und kräftiger.

## Blechblasinstrumente

### *Das Waldhorn*

Es besteht aus einem kreisrund gebogenen, langen konischen Rohr mit trichterförmigem Mundstück und weit ausladendem Schallbecher. Es besitzt drei Ventile und entstand im 17. Jahrhundert (im heutigen Typus). Der Hornist führt beim Spiel seine linke Hand in den Schallbecher ein und kann auf diese Weise den Ton verändern. Das Horn besitzt einen vielseitigen Klang, der vom zarten und weichen bis zum schneidenden, metallischen Ton reicht. In der Romantik wurde die Poesie des Hornklanges entdeckt.
Die Waldhorntuba ließ Richard Wagner nach seinen Angaben bauen und verwandte sie in seinem RING DER NIBELUNGEN. Ihr Klang steht zwischen dem des Waldhorns und der Tuba.

### *Die Trompete (von ital. tromba)*

Hohes Blechblasinstrument mit Kesselmundstück, das aus einem anfangs zylindrischen, später konischen Rohr besteht und am Ende einen Schallbecher besitzt. Die Trompete wurde zu Beginn des 19. Jahrhunderts in das Orchester aufgenommen und besitzt einen strahlenden, durchdringenden und hellen Klang.

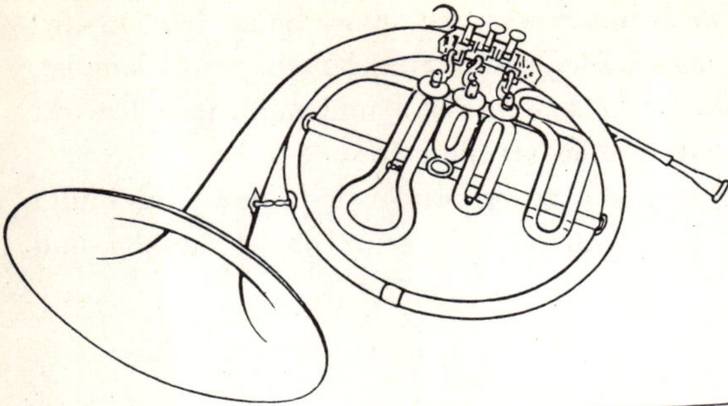

*Waldhorn*

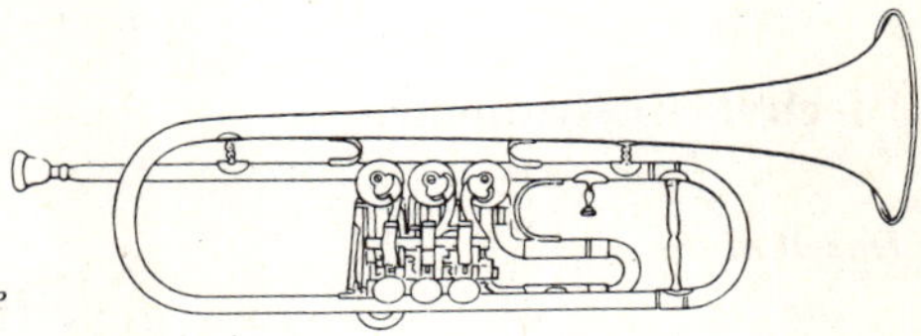

*Trompete*

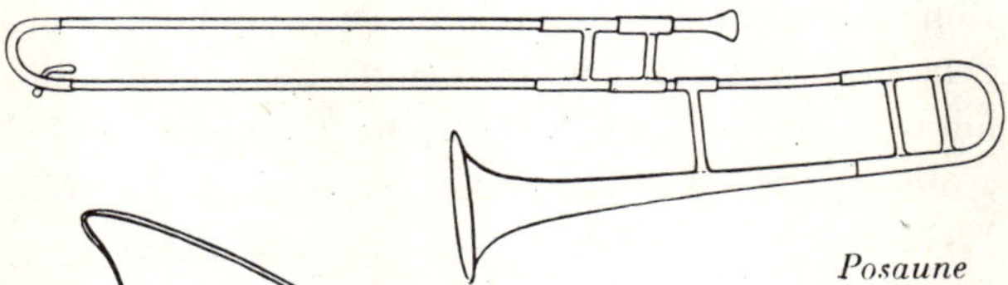

*Posaune*

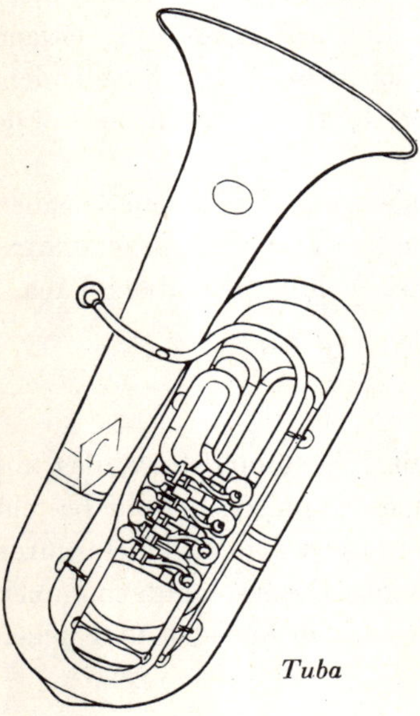

*Tuba*

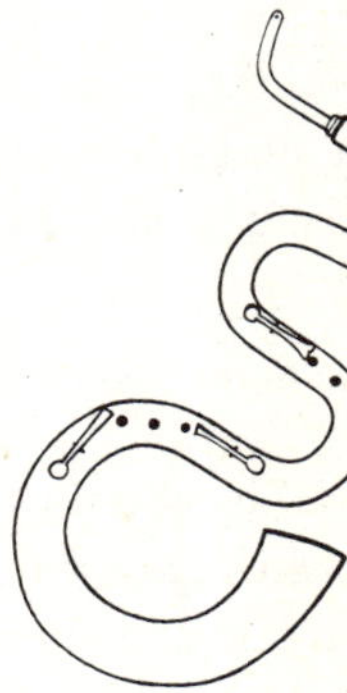

*Serpent*

Bereits im Altertum gab es Trompeten als langgestreckte Röhren. Durch die gebogene Form und die Anbringung dreier Ventile wurde das Instrument leichter spielbar. In hohen Lagen ist das Spiel der Trompete sehr anstrengend.

Zu den Naturinstrumenten rechnet man die *Signaltrompeten* der Kavallerie und die *Fanfare*, eine Trompete in langgestreckter Form. Auch die *Alphörner*, die großen, oft meterlangen Instrumente der Hirten, gehören hierher.

***Die Posaune***

Messingblasinstrument mit Kesselmundstück, im 15. Jahrhundert aus der S-förmigen *Busine* entwickelt. Sie besitzt einen Zugteil, d. h. einen ausziehbaren U-Bogen, um den Grundton vertiefen zu können. Ihr Klang ist mächtig, voll und majestätisch. Durch den Zugmechanismus erklingen alle Töne der Posaune in gleicher Klangqualität.
Das Instrument wird heute noch in drei Größen gebaut, der *Alt-*, *Tenor-* und *Baßposaune*, von denen die Tenorposaune das heute am häufigsten anzutreffende Instrument ist.

***Die Tuba*** *(lat. tuba = Röhre)*

Weit ausladendes Blechblasinstrument mit kurzer, sich schnell erweiternder Schallröhre. Als Baßinstrument der Blechbläser ist es unentbehrlich im Orchester und dient meist zur Verstärkung der Kontrabässe. Sein Klang ist massig und voll, dabei jedoch weich und rund.

***Der Serpent*** *(franz. serpent = Schlange)*

Ein schlangenförmiges, heute veraltetes Baßinstrument aus der Familie der *Zinken*. Seine eigentümliche Form erhielt es zur Ermöglichung der Deckung seiner 6 Tonlöcher, die der

Bläser sonst nicht mit seinen Händen erreichen könnte. Es hat sich als Begleitinstrument in Kirchen lange gehalten und wurde von Richard Wagner in seiner Oper RIENZI wohl zuletzt verwendet.

### *Das Saxophon*

Ein seit 1844 von Adolphe Sax in Brüssel in verschiedenen Größen gebautes Blasinstrument. Es besteht aus einer stark konisch verlaufenden, gebogenen Röhre mit einem Klarinettenschnabel und Tonlöchern. Sein Klang wird von Hector Berlioz (1803–1869) folgendermaßen charakterisiert: „Sanft und durchdringend in der Höhe, voll und markig in der Tiefe, hat es in der Mittellage etwas Tiefausdrucksvolles."

Zu Anfang wurde das Saxophon wenig gebraucht. Seit Berlioz, Bizet und Richard Strauß wird es jedoch im Sinfonieorchester verwendet. Es ist trotz seines metallischen Körpers ein Holzblasinstrument.

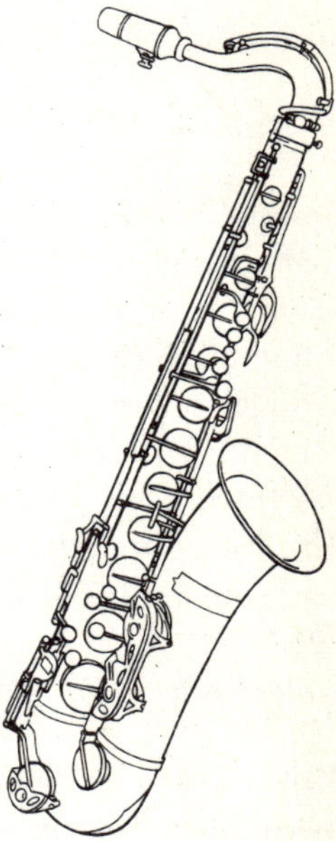

*Saxophon*

## Schlaginstrumente

### *Die Pauke*

Der Resonanzkörper der Pauke besteht aus einem großen metallenen Kessel, der mit einem Kalbfell bespannt ist. Durch ihre bestimmbare Höhe ist sie das wichtigste Schlaginstrument

des Orchesters. Der Ton kann durch Verstellschrauben umgestimmt werden, jedoch ist der Klang durch die verschiedenen Nebengeräusche stets dumpf und dunkel.
Sie wird mit einem oder mehreren Schlägeln geschlagen, und zwar nicht in der Mitte des Felles, sondern in der Nähe des Randes, da nur dort ein reiner Ton erzeugt werden kann.

### *Die große Trommel*

Sie wird im Volksmund fälschlich als „Pauke“ bezeichnet und dient nur zur Abgabe rhythmischer Schläge. Zusammen mit Triangel und Becken gehört sie zur sogenannten „Janitscharenmusik“, der Nachahmung türkischer Militärmusik.
Die große Trommel besteht aus einem hölzernen oder metallenen Zylinder, der auf beiden Seiten mit Fell bespannt ist und mit einem Filzschlägel angeschlagen wird.
Die *kleine Trommel* entspricht in kleinerer Abmessung ihrem großen Bruder und wird mit zwei dünnen Holzschlägeln angeschlagen. Ihr Klang ist scharf und trocken.

### *Das Becken*

Das Instrument besteht aus zwei dünnen Metallscheiben, in deren Mitte eine Lederschlaufe zum Hindurchstecken der Hände angebracht ist. Beide Scheiben werden durch Gegeneinanderschlagen zum Erklingen gebracht und geben einen grellen, durchdringenden Klang.

### *Der Triangel (griech. = Dreieck)*

Ein zu einem Dreieck gebogener, in einem Winkel offener Metallstab, der mit einem Metallschlägel angeschlagen wird. Sein Klang ist hell und silbrig, jedoch von unbestimmter Tonhöhe.

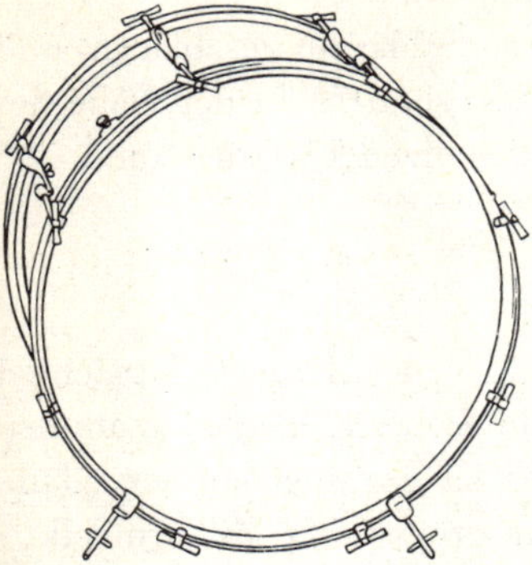

Große Trommel

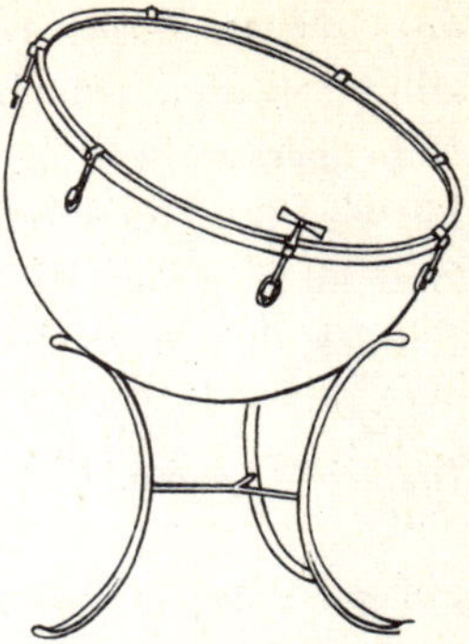

Pauke

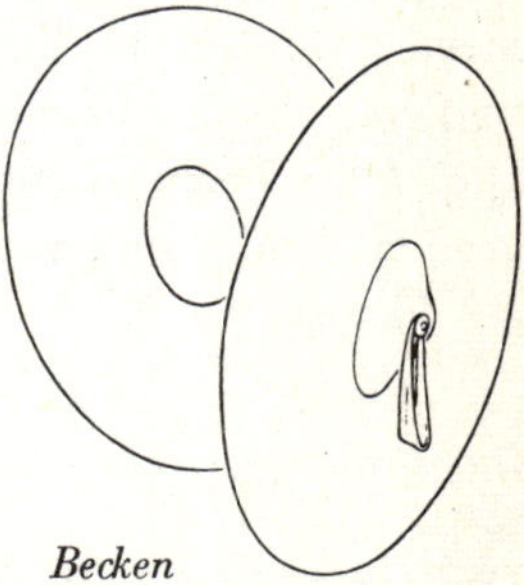

Becken

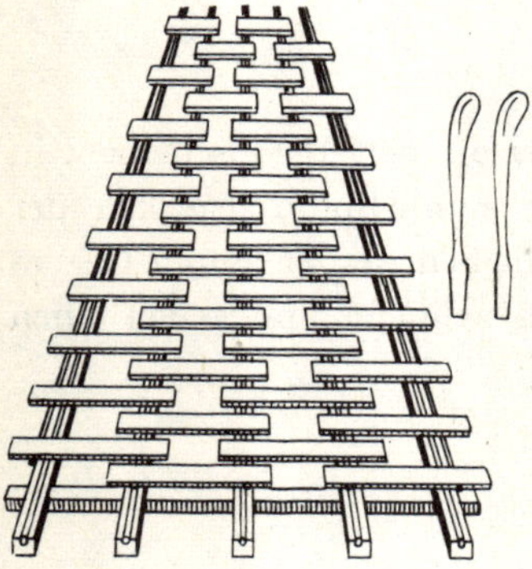

Xylophon

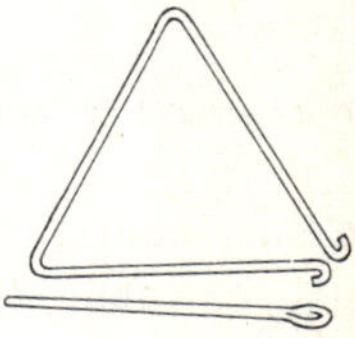

Triangel

***Das Xylophon** (griech. = Holzlaut)*

Ein altes, aus Asien stammendes Schlaginstrument, das im 16. Jahrhundert nach Deutschland kam. Es besteht aus einer Reihe abgestimmter Holzstäbe verschiedener Länge, die übereinander auf Holzleisten oder Strohhalmen ruhen und mit löffelförmigen Holzschlägeln gespielt werden. Sein Ton ist hell, trocken und hölzern und wirkt oft geisterhaft und erschreckend.

Andere, heute immer häufiger verwendete Schlaginstrumente sind das *Marimbaphon*, eine Art Xylophon, die *Celesta*, ein Stahlklavier, das mit einer Klaviatur gespielt wird, das *Röhrenglockenspiel*, bei dem nebeneinanderliegende abgestimmte Metallröhren mit einem Schlägel angeschlagen werden, das *Röhrengeläut*, das als Ersatz von Glockentönen im Orchester dient, der *Gong*, ein Bronzeinstrument aus der Gruppe der Becken, und das chinesische *Tam-Tam*.

# Erläuterung musikalischer Ausdrücke

**a cappella** (ital.), „im Kapellstil", d. h. Chormusik ohne Instrumentalbegleitung

**achromatisch** (griech.), Gegensatz von →chromatisch

**Adagio** (ital.), das, Tempoangabe: langsam

A. molto e cantabile, sehr langsam und gesangvoll

A. lamentoso, langsam und klagend

**Akkord** (griech.-ital.), Zusammenklang (von mehreren Tönen)

**allegramente** (ital.), munter, erheiternd

**Allegretto** (ital.), Verkleinerungsform von Allegro; nur wenig lebhaft

A. grazioso, beschwingt und anmutig

A. scherzando, beschwingt und scherzhaft, heiter

**Allegro** (ital.), Tempoangabe: bewegt, fröhlich, lebhaft

A. alla turca, lebhaft wie türkische Musik, Nachahmung der Janitscharenmusik

A. appassionato, stark bewegt, leidenschaftlich

A. assai, sehr lebhaft

A. con brio, mit Feuer

A. con fuoco, mit Feuer (wie con brio)

A. con grazia, anmutig

A. con spirito, temperamentvoll, feurig

A. energico e passionato, sehr lebhaft und leidenschaftlich

A. giocoso, lebhaft-lustig, scherzhaft

A. giocoso ma non troppo vivace, lebhaft-lustig, aber nicht zu bewegt

A. maestoso, erhaben

A. moderato, mäßig beschwingt

A. molto, sehr lebhaft

A. molto e vivace, außerordentlich lebhaft und bewegt

A. molto marcato, sehr betont lebhaft

A. non troppo, lebhaft, aber nicht zu stark

A. pesante, energisch, wuchtig

A. vivace, sehr bewegt und lebhaft

A. vivacissimo, außerordentlich lebhaft

**Andante** (ital. = gehend), Tempoangabe: wenig Bewegung, ruhig, langsam

A. cantabile con alcuna lizenza, gesanglich, mit (persönlicher) Freiheit (in der Auffassung)

A. cantabile con moto, gesangvoll und leicht bewegt

A. molto mosso, langsam, aber sehr bewegt

A. non troppo e molto maestoso, erhaben und nur wenig langsam

A. quasi allegretto, ähnlich wie ein Allegretto zu spielen

A. religioso, mit religiöser Empfindung

A. semplice, langsam und einfach, schlicht

A. sostenuto, ruhig, getragen

A. tranquillo, ruhig

**Arie** (ital.), die, Sologesang

**Berceuse** (franz.), die, Wiegenlied, beliebte Stückbezeichnung der Salonmusik

**Boléro** (span.), der, spanischer Tanz oder Lied in eigenwilligem ¾-Takt

**Cantus firmus** (lat.), der, feste Hauptstimme, um die die anderen gruppiert werden. Sie ist entscheidend für den Aufbau eines polyphonen Werkes. →Kontrapunkt

**Canzonetta** (ital. = franz. chanson), die, Lied. Ursprünglich Volksliedform der Troubadours. Es hat schlichte Strophen mit Wiederholung von ein oder zwei Melodiezeilen am Anfang

**Chaconne** (ital.-franz.), die, Reigentanz über einem gleichbleibenden Baßthema

**Choreographie** (griech.-franz.), die, a) Tanzgestaltung, Tanzregie, b) „Tanzschrift". Darstellung der Tanzschritte durch Buchstaben und besondere Zeichen

**chromatisch** (griech. = farbig). Alle Töne, die durch ein Versetzungszeichen auf eine höhere oder niedrigere Stufe gebracht wurden, sind chromatisch. Erhöht oder erniedrigt man alle Töne der Siebentonskala, so entsteht die chromatische Tonleiter. Diese Tonleiter hat naturgemäß eine andere Tonfärbung als die ursprüngliche Siebentonskala. Der chromatische, „farbige" Musikstil bezieht seine Wirkung aus den Halbtönen

**Coda, Koda** (ital. = Schwanz), die, Schlußstück eines musikalischen Satzes. In der Coda wird oft das Hauptthema in verkürzter Form wiederaufgenommen

**Concerto grosso** (ital.), das, im Barock entwickelte Sonderform des Orchesterkonzerts. Im Spiel wechselt ein Hauptorchester mit Kleinorchestern

**Continuo, basso continuo** (ital.), das, Generalbaß, tiefste Baßstimme, harmonisches Fundament; eine Art musikalischer Stenografie, bei der die Harmonien einer Begleitstimme durch Ziffern bezeichnet werden

**Crescendo** (lat. = wachsend), das, anschwellende Tonstärke. Gegensatz: Decrescendo

**Dezime**, die, →Intervall von zehn Tönen

**Diatonik** (griech.), die, kräftiges, einfach wirkendes Tonsystem, das aus natürlichen Ganz- und Halbtönen besteht. Die Tonart wechselt nicht in fremde Tonarten. Gegensatz: →chromatisches Tonsystem (Chromatik)

**Diminuendo** (lat. = abnehmend), das, schwächer werdende Tonstärke (auch Decrescendo); Gegensatz: →Crescendo

**Dominante** (lat. = Gebietende), die, in der Harmonielehre der beherrschende Dreiklang auf der fünften Stufe (→Quint) über dem Grundton der Tonart

**Dur** (lat. = hart), die härter, energischer wirkende Tonart des harmonischen Tonsystems. Bestimmend für Dur ist der aus Grundton, großer →Terz und reiner →Quint bestehende Dreiklang (→Akkord). Gegensatz: →Moll

**Entree** (franz.), das, Einführung, Einleitung von →Sinfonien, →Sonaten, Balletten. Kann auch als selbständiges, kurzes Musikstück vorkommen

**Farandole** (franz.), die, provenzalischer Tanz in ungeradem Takt

**Finale** (ital.), das, Schlußsatz von Instrumentalkompositionen. Bei der Oper die große Schlußszene

**Folklore** (engl.), die, Volksüberlieferung. Folkloristische Stücke verwenden altes musikalisches Volksgut in künstlerischer Form

**forte** (ital.), stark kräftig, laut; fortissimo, Steigerungsform: sehr stark

**Fugato** (ital.), das, ein der Fuge ähnlicher Tonsatz, der sich aber nicht auf den strengen Regeln der →Fuge aufbaut

**Fuge** (lat. = Flucht), die, die höchste Form polyphoner Musik. In der Fuge wird das Thema zunächst von einer einzelnen Stimme vorgetragen und dann von anderen Stimmen in anderer Tonart beantwortet. Die Stimmen „fliehen" einander

**Generalpause,** Aussetzen sämtlicher Stimmen und Instrumente

**Gigue** (franz.-ital.), die, rascher Tanz im $^6/_8$-Takt, meist innerhalb einer Tanzsuite

**Glissando** (ital.), das, gleitend, das schnellst-mögliche Spiel bei Streichern und Klavierinstrumenten

**Hymne, Hymnus,** (griech.), Tempelgesang, Lobgesang, feierliches Stück

**Instrumentation** (lat.), Übertragung eines musikalischen Einfalls auf die Instrumente des Orchesters unter Ausnutzung ihrer Klangeigenschaften

**Interlude** (franz.), das, Zwischenspiel

**Intermezzo** (ital.), das, Zwischenspiel in Musikdramen und Opern. Auch Bezeichnung für kurze Klavierstücke

**Intervall** (lat.), das, Zwischenraum, Abstand zweier Töne voneinander. Die einzelnen Abstände werden bezeichnet als Prim, Sekunde, Terz, Quart, Quint, Sexte, Septime, Oktave, None, Dezime

**Intrada** (ital.), die, festliches Eröffnungsstück einer Suite

**Introduktion** (lat.), die, Einleitung, entspricht in der Oper der Ouvertüre

**Kadenz** (ital.-franz.), die, Tonfall, Tonschluß. a) Das Absinken der Melodie zum Grundton. Im mehrstimmigen Satz erfolgt dieses Absinken stufenweise und in einer geregelten Form der Harmonien, b) virtuose Soloeinlage vor der →Coda im Solo-Instrumentalkonzert

**Kantabilität** (ital.), die, „Gesangesmöglichkeit", dem Gesang ähnliche Wirkung

**Kantate** (lat.), die, (geistliches) Singstück. Komposition für Vokalstimmen mit Instrumentalbegleitung

**Kantilene** (ital.), die, gesangvolle Melodie

**Köchelverzeichnis** (KV), Verzeichnis sämtlicher Werke Mozarts, aufgestellt von Ludwig Ritter von Köchel (1800–1877)

**Koda** →Coda

**Koloratur** (ital. = Farbigkeit), die, Verzierung des Gesangs durch Läufe, →Passagen, →Triller, →Stakkato-Ketten, vor allem in hohen Tonlagen

**Kontrapunkt** (lat.), Lehre von der Bewegung der Stimmen innerhalb eines Tonsatzes. Diese Lehre besagt, daß die einzelnen selbständigen Stimmen sich nicht in vollkommenen Konsonanzen parallel bewegen dürfen. Das geht zurück auf die ursprüngliche Bedeutung: Note gegen Note = punctum contra punctum

**Konzert** (lat.), das, Zusammenwirken von mehreren Instrumenten

Solokonzert, Konzert für Soloinstrumente mit Orchesterbegleitung. Erst seit 1725 wird dieser Sammelbegriff für eine musikalische Veranstaltung gebraucht

**Larghetto** (ital.), das, Verkleinerungsform von →Largo. Nicht ganz so langsam wie das Largo

**Largo** (ital. = breit), das, Tempobezeichnung. Ein langsam und breit angelegter Satz. Noch langsamer als ein Adagio

**Leitmotiv,** immer wiederkehrendes →Motiv, das ein Musikstück bestimmend durchzieht. Bei Richard Wagner untrennbar mit dem geistigen Gehalt gewisser Vorgänge und Charakterisierungen verbunden

**Libretto** (ital.), das, Textbuch einer Oper oder Operette

**liturgisch** (griech.), im Gottesdienst gebräuchlich

**Maestro al Cembalo** (ital.), der, Vorläufer des Dirigenten. Bis Anfang des 19. Jahrhunderts wurden Orchester- und Opernaufführungen vom Cembalo aus geleitet

**Melodie** (griech.), die, Folge von rhythmisch gegliederten Tönen, die den Harmoniegesetzen unterworfen ist

**Menuett** (ital.-franz.), das, altfranzösischer Ziertanz, in ungeradem Takt; in der klassischen Sinfonie meist der dritte von vier Sätzen

**Metronom** (griech.-lat.), das, Taktmesser in Form eines von einem Uhrwerk getriebenen Pendels. Ermöglicht die genaue Festlegung der Zeitmaße von Notenwerten (Tempi)

**misterioso** (ital.), geheimnisvoll, unheimlich

**Moderato** (lat.), das, Tempoangabe: Ein Satz in gemäßigtem Tempo; M. alla breve, in halben Takten gerechnet

**Modulation** (lat.), die, Wechsel der Tonart

**Moll** (lat.), „weiche" Tonart mit kleiner Terz im Dreiklang, Gegensatz: →Dur

**Motiv** (lat.), das, kleinste sinngemäß zusammengehörende Tonfolge der Melodie, Bestandteile eines Raumes. Kann als musikalischer Gedanke bezeichnet werden

**Musette** (franz.), die, Bezeichnung für Tanzsätze mit ursprünglich dudelsackartiger Begleitung

**Nocturne** (franz.), **Notturno** (ital.), das, Nachtstück, nächtliches Stimmungsbild

**Negro-Spiritual** (engl.), das, melancholisches, geistliches Lied der Neger Nordamerikas mit Volksliedcharakter

**obligate Instrumente,** in mehrstimmigen Stücken die Instrumente, die auf keinen Fall ausgelassen werden können. Gegensatz: Instrumente, die wahlweise (ad libitum) verwendet werden

**Oktave** (lat.), die, der achte Ton der diatonischen Tonleiter (→Diatonik); →Intervall

**Opus** (lat.), das, Werk, Schöpfung

**Oratorium** (lat.), das, geistliches Chorwerk mit Orchester. Mysterienthemen, geistliches Drama; Dialog- und Sologesänge treffen im O. zusammen. Im O. spielt der Chor eine große Rolle

**Orchester** (griech.=Tanzplatz), das, Bezeichnung für größere Instrumentengruppen. Kleinere Instrumentalgruppen werden als Kammerorchester bezeichnet

**ostinato** (ital.), hartnäckig, eigensinnig. Meist in Verbindung mit einer Baßstimme: „basso ostinato" = eine im ganzen Stück sich wiederholende Baßfigur

**Ouvertüre** (franz.), die, Instrumentaleinleitung einer Oper. Die Konzertouvertüre ist im Gegensatz dazu ein selbständiges Stück

**Partita** (ital.), die, →Suite, lose Folge von Musikstücken

**Partitur** (ital.), die, übersichtliche Zusammenstellung aller Noten eines Tonsatzes für jedes einzelne Instrument

**Passage** (franz.), die, virtuos angelegter Zwischenteil in solistischen Instrumentalwerken

**Passacaglia** (ital. = Hahnenschritt), die, Bezeichnung für ein Instrumentalstück im $^{3}/_{4}$-Takt mit wiederkehrendem →Continuo

**Pastorale** (ital.), die, Hirtenmusik. Lyrisch-idyllisches Tonwerk. Entwicklung von den „pastourelles" der Troubadours über die Naturlieder des Minnesangs und die Madrigale des 14. Jahrhunderts. In der Instrumentalmusik, vor allem in der →Suite, →Sonate, →Sinfonie

**piano** (ital.), leise; pianissimo, sehr leise

**pizzikato, pizzicato** (ital.), gezupft, gerissen (beim Streichinstrumentenspiel)

**Polyphonie** (griech.), die, Mehrstimmigkeit. →Kontrapunkt

**Präludium** (lat.), das, (improvisiertes) Vorspiel, Einleitung. Gegensatz: Postludium, Nachspiel

**Presto** (ital.), das, schnelles Zeitmaß; prestissimo, so schnell wie möglich

**Programm-Musik,** die, versucht, bestimmte Vorgänge darzustellen und Vorstellungen wachzurufen. Diesen Musikstücken kann ein regelrechtes Programm (dichterisches Inhaltsverzeichnis) vorangestellt sein, oder das Programm wird nur im Titel angedeutet. Den Gegensatz dazu bildet die reine Tonmalerei

**Quarte** (ital.), die, vierter Ton über einem Grundton. →Intervall

**Quartett** (ital.), das, Musikstück für vier Instrumente oder Sänger

**Quasi andante** (ital.), „gewissermaßen wie ein →Andante"

**Quasi presto** (ital.), „gewissermaßen wie →Presto"

**Quinte** (ital.), die, der fünfte Ton in der diatonischen Tonleiter; →Intervall, →Diatonik

**Refrain** (franz.), der, Kehrreim. Wiederholung von Verszeilen

**Repertoire** (franz.), das, Gesamtheit der Werke, die ein Theater, ein Orchester usw. beherrscht und spielen kann

**Reprise** (franz.), die, a) Wiederaufnahme eines Themas innerhalb eines Musikstückes. Element der Sonatenform. b) Wiederaufnahme einer Einstudierung im Opern- und Konzertprogramm

**Rezitativ** (ital.), das, Sprechgesang mit geringer Begleitung (meist nur Akkorde). Gegensatz: →Arie

**Romanze** (franz.), die, romantisches und erzählendes Lied. Als Musikstück auch in der Instrumentalmusik

**Rondo, Rondeau** (ital.-franz.), das, Rundgesang. In der Konzertmusik Stück mit immer wiederkehrendem Grundthema. Formbezeichnung für den dritten Sonatensatz

**Scherzo** (sprich: skerzo; ital.), das, scherzhaftes, heiteres und ausgelassenes Musikstück, besonders in der Sinfonie

**Sekunde** (ital.), die, Bezeichnung der zweiten Tonstufe. →Intervall

**Septett** (ital.), das, Musikstück für sieben Sänger oder Instrumente

**Septime** (ital.), die, siebente Tonstufe. →Intervall

**Serenade** (ital.-span.), die, Abendmusik, Ständchen

**Sexte** (ital.), die, sechste Tonstufe. →Intervall

**Sinfonia, Sinfonie, Symphonie** (griech.), die, Zusammenklang. Werk für das Zusammenspiel mehrerer Instrumente

**skandieren** (lat.), hervorheben

**Solo** (Mehrzahl: Soli; ital.), das, Einzelgesang oder das Spiel eines einzelnen Instrumentes

**Sonate** (lat.), die, aus drei, selten vier Sätzen bestehendes Tonwerk. Zweiter Satz meist →Adagio, dritter Satz meist →Menuett oder →Scherzo

**Stakkato, Staccato** (ital.), das, Streicherstück, das „gestoßen" gespielt wird

**Streicher,** alle Spieler von Streichinstrumenten bzw. die Instrumente selbst

**Stretta** (ital. = Enge), die, Höhepunkt einer Arie usw.

**Subdominante** (lat.), die, Dreiklang der Quinttonstufe unter dem Grundton

**Suite** (franz.), die, Folge von Tänzen oder Tonstücken: ital. →Partita

**Synkope** (griech.), die, Akzentverschiebung innerhalb eines Tonstückes durch Zusammenziehung von Taktzeitwerten = die Vor- oder Rückverschiebung von Tönen um die Hälfte oder das Viertel ihres Wertes

**Tedeum** (lat.), das, „Dich, großer Gott, loben wir . . ."; Lobgesang

**Terz** (lat.), die, dritte Stufe der Tonleiter. →Intervall

**Thema** (griech.), das, Grundgedanke eines Tonwerkes

**Toccata** (ital.), die, Phantasiestück, meist für Orgel oder Tasteninstrumente

**Tremolo** (ital.), das, rasche Wiederholung zweier Töne in beliebigem Intervall, wodurch eine erregende Wirkung ausgelöst wird

**Triller,** Zierform, entsteht, wenn die Hauptnote wiederholt wird und schnell mit der oberen oder unteren benachbarten Note wechselt

**Trio** (ital.), das, Musikstück für drei Instrumente. Bei drei Gesangstimmen spricht man von einem Terzett

**Triptychon** (griech.), das, Ausdruck aus der Kunstgeschichte: dreiteiliger Flügelaltar. In der Musik: dreiteilige Anordnung von Musikstücken

**Tutti** (ital.=alle), die, Spiel aller Instrumente. Gegensatz: →Solo

**unisono** (ital.=im Einklang), alle Stimmen singen die gleiche Melodie

**Valse** (franz.), der, Walzer

**Variante** (lat.), die, bewußte Abwandlung einer einzelnen Stelle bei der Wiederholung

**Variation** (lat.), die, bewußte Abwandlung eines ganzen Themas in kunstvoller Form

**Vivace** (ital.), das, lebhaftes Zeitmaß

**Vokalise** (ital.-franz.), die, Formung der Vokale

**Vokalmusik,** Bezeichnung für alle Gattungen des Gesangs

**Zäsur** (lat.), die, Einschnitt, Pause, die eine rhythmische Gliederung herbeiführt

**Zwölftonmusik,** von Arnold Schönberg erdachte Kompositionsmethode, die auf der absoluten Gleichberechtigung aller zwölf Töne beruht. Vereinfacht dargestellt: Kein Ton darf ein zweites Mal verwendet werden, ehe nicht die elf anderen (innerhalb der chromatischen Tonleiter) erklungen sind

# *Inhalt*

# *Namenregister*

Goldmann RATGEBER für den Fotofreund

**Neue Foto-Schule.** Von Theo Kisselbach und Hans Windisch. Mit über 140 Fotos. (10588)

*Die »Neue Foto-Schule« ist ein Standardwerk, das ständig verbessert und auf dem neuesten Stand gehalten wird. Von der gebundenen Ausgabe sind bereits mehr als 280 000 Exemplare verkauft worden.*
*Aus dem Inhalt: Fotografisches Sehen – Wie entsteht ein Bild? – Die richtige Kamera – Farbfotografie – Dunkelkammertechnik.*

**Farbfoto-Handbuch.** Von Raimo Gareis und Theo M. Scheerer. Mit zahlreichen Farbfotos. (10610)

*Das Handbuch über Farbfotografie: leicht verständlich, praxisnah und auf dem letzten technischen Stand.*
*Aus dem Inhalt: Mit Farben gestalten – Farben in Bewegung – Farbkontraste – Farbfilme selbst verarbeiten – Farbexperimente.*

**Wie fotografiere ich was?** Von Fritz Meisnitzer. Band 1: Lexikon der Fotomotive (10640). Band 2: Lexikon der Fototechnik (10641).

*Das ideale Nachschlagewerk für Fotofreunde. Fotografisches Wissen von A bis Z – veranschaulicht durch reichhaltiges Bildmaterial. Beide Bände bilden eine zusammenhängende Informationskette, können aber auch unabhängig voneinander benutzt werden.*

WILHELM GOLDMANN VERLAG MÜNCHEN